NOTICE HISTORIQUE

SUR

L'IMPRIMERIE NATIONALE.

Imprimerie Dondey-Dupré, rue Saint-Louis, 46, au Marais.

Statue inaugurée à l'Imprimerie nationale le 1er janvier 1843.

NOTICE HISTORIQUE

SUR

L'IMPRIMERIE NATIONALE,

PAR AUG. BERNARD.

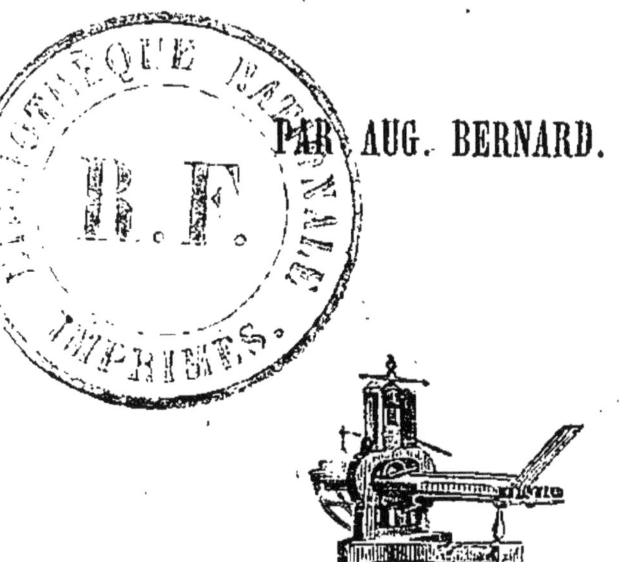

PARIS.

DUMOULIN,
Quai des Augustins, 13.

BORDIER,
Rue Vieille-du-Temple, 75

1848

A BÉRANGER.

Je vous dédie cet opuscule, à vous, Béranger, qui avez fait un si noble usage de l'imprimerie, et qui avez rendu, après la révolution de 1830, un si grand service à l'établissement connu aujourd'hui sous le nom d'Imprimerie nationale; acceptez-le comme un souvenir du plaisir que m'a procuré la longue conversation que j'eus un jour avec vous sur ce sujet. Certes, je ne m'attendais pas à retrouver dans l'ex-apprenti typographe de Péronne une si parfaite connaissance de l'imprimerie unie à tant d'amour de l'art de Gutenberg; mais c'est le propre des hommes de génie de pouvoir embrasser à la fois l'ensemble et les détails de toutes choses.

Mon but principal en écrivant cette notice a été de rendre à la Convention un honneur que les courtisans attribuent à tort à Napoléon, celui d'avoir créé ou du moins organisé l'Imprimerie nationale.

Je sais bien que l'illustre assemblée qui a sauvé la France n'a pas besoin de ce titre de gloire, perdu au milieu de tant d'autres plus éclatants ; mais il m'a semblé que je ferais une chose bonne en relevant une erreur historique, en même temps que je donnerais une idée de l'admirable fourmilière où je me fais gloire de travailler.

J'ai pensé d'ailleurs qu'au moment où la société française va s'asseoir sur de nouvelles bases, et où par conséquent les réformes sont à l'ordre du jour, il convenait de faire connaître l'origine et les développements successifs d'un établissement qui, plus que tout autre peut-être, appelle des modifications dans son organisation. Vous trouverez sans doute cette notice bien mesquine pour un semblable établissement : ce n'est là que le résumé d'un travail plus complet que je me propose de publier en temps opportun ; mais, qui, vu son étendue, ne saurait être prêt de longtemps encore.

AUG. BERNARD,

Correcteur à l'Imprimerie nationale.

NOTICE HISTORIQUE

SUR

L'IMPRIMERIE NATIONALE.

I

Origine de l'Imprimerie nationale, connue d'abord sous le nom d'Imprimerie royale (1).

Je demande pardon au lecteur de le faire remonter jusqu'à l'origine de la typographie, pour lui faire connaître celle de l'établissement connu sous le nom d'*Imprimerie nationale;* mais cette excursion, qui me don-

(1) C'est à tort, à mon avis, qu'on a appelé cet établissement *royal, national*, *impérial*, etc. Son véritable nom est *Imprimerie du gouvernement*, comme on le verra dans le cours de cette notice.

nera occasion de dire un mot de Gutenberg, n'est pas sans utilité, comme on verra. D'ailleurs je serai aussi bref que possible, et me dispenserai de toutes les digressions que le sujet peut comporter, mais qu'il n'exige pas rigoureusement. Il n'est plus nécessaire de se mettre en frais d'érudition pour prouver que l'imprimerie est la plus belle invention des temps modernes : on peut bien nier son influence bienfaisante ; mais non pas l'empêcher de civiliser le monde. Quoi qu'on fasse on qu'on dise, le soleil n'en viendra pas moins chaque jour éclairer et réchauffer la terre.

Quelque épaisses que soient les ténèbres qui entourent l'origine de la typographie, il paraît certain que Gutenberg a été le premier qui ait eu l'idée de se servir de caractères mobiles et détachés pour imprimer des livres. C'est à Mayence, sa patrie, d'autres disent à Strasbourg, où il résida en effet plusieurs années, qu'il fit le premier essai de son procédé ingénieux. Quant à la date de ce fait, on ne peut l'assigner d'une manière précise, parce qu'il y eut vers cette époque plusieurs tentatives du même genre ; mais on sait du moins que ce fut un peu avant le milieu du quinzième siècle, siècle fameux dans les annales de l'espèce humaine, car on lui doit aussi la découverte du nouveau monde après celle de la boussole !

Pour pouvoir exploiter son invention, Gutenberg fut forcé de s'associer quelques personnes, et entre autres un certain orfèvre nommé Faust ou Fust (1), qui paraît avoir avancé les fonds nécessaires à l'entreprise, et qui, à la suite d'un procès, resta détenteur des instruments de la société. C'est ce même Fust qui, étant venu vendre ses Bibles imprimées, à Paris, fut, dit-on, suspecté de connivence avec le diable, parce qu'on trouvait dans tous ses livres une similitude inexplicable alors. Quant à Gutenberg, quoique dépossédé de tout, faute de pouvoir rembour-

(1) La plupart des renseignements que je donne sur l'origine de l'imprimerie sont empruntés à un article que M. Magnin a fait insérer dans le *Journal des Savants*, en janvier 1841.

ser les avances qui lui avaient été faites, il ne se découragea pas, et fonda un autre établissement à Mayence.

Plus tard, cette ville ayant été prise et saccagée par le comte Adolphe de Nassau, on en vit sortir une foule de typographes qui portèrent leur industrie dans tous les grands centres d'instruction. C'est vers cette époque que l'imprimerie fut importée à Paris par trois Allemands, Ulric Gering, Martin Crantz et Michel Friburger, installés en 1469 dans les bâtiments de la Sorbonne, par deux savants docteurs de ce collége, Guillaume Fichet et Jean de la Pierre. Cinq ans après, ces imprimeurs reçurent des lettres de nationalité de Louis XI, qui, en 1475, les exempta en outre du droit d'aubaine, etc. Ainsi, c'est encore à ce roi, si décrié par nos historiens, que les importateurs de l'imprimerie en France durent leurs premiers encouragements. Bien loin d'autoriser contre eux des poursuites judiciaires pour sorcellerie, comme on l'a prétendu, il les prit sous sa protection, et bientôt le nombre de ces ouvriers de la civilisation, soutenus de la faveur royale, s'accrut considérablement.

Dans les dernières années du quinzième siècle, l'art d'imprimer fit de rapides progrès, tant sous le rapport de la propagation que sous celui de la perfection. C'est alors qu'on vit s'introduire l'usage des *réclames*, des chiffres, des guillemets, des capitales, ou du moins qu'on régla leur emploi dans les livres ; c'est alors aussi qu'on commença à s'occuper du *registre*, et enfin de tout ce qui constitue la partie matérielle et technique de la typographie.

Avec le seizième siècle s'ouvrit une ère nouvelle. Aux imprimeurs artistes et mécaniciens qui avaient complété l'œuvre de Gutenberg succéda une génération d'imprimeurs savants, qui joignirent à une grande habileté dans la pratique de leur art une profonde connaissance des langues grecque, latine et orientales. C'étaient : en Suisse, Froben et Oporin ; en Italie, les Junte, originaires de France ; dans les Pays-Bas, le Français Christophe Plantin ; dans Paris seul, enfin, pour ne pas trop grossir cette liste, Josse et Conrad Bade, Gilles Gourmont, Philippe Pigouchet, Conrad Néobar, Denis Janot, Simon de Colines, Adrien Turnèbe, Guillaume et Frédéric Morel, Chrétien Wechel, Mamert Patisson, Michel Vascosan, et plusieurs autres, dont on aurait pu former une académie. Mais la gloire de l'imprimerie pendant le seizième siècle se concentre et se résume, en quelque sorte, dans les immenses et immortels travaux de deux familles à l'illustration desquelles M. Ant.-Aug. Renouard a élevé un monument littéraire et historique : les Alde, en Italie ; les Estienne, en France (1).

Nous n'avons pas à nous occuper des premiers, dont les travaux n'exerçaient qu'une influence indirecte sur notre pays, mais nous devons dire quelques mots des seconds, qui y jouèrent un rôle fort important.

(1) Voyez *Annales de l'imprimerie des Alde*, 1 vol. in-8° ; et *Annales de l'imprimerie des Estienne*, 2 vol. in-8°, où nous avons puisé presque tous les détails qui précèdent.

Henri Estienne, dont l'établissement était situé dans le haut de la rue Saint-Jean-de-Beauvais, centre du quartier latin, imprima, de 1502 à 1520, époque de sa mort, et avec l'aide de plusieurs hommes érudits qu'il s'était adjoints en qualité de correcteurs, environ cent vingt ouvrages de philosophie aristotélique et de sciences et arts. Pendant ce temps, Robert, son second fils, né en 1502, se livrait avec ardeur à l'étude des langues grecque, latine, hébraïque, sous la direction des savants qui assistaient son père. Il y fit de si rapides progrès, qu'en 1520 il put diriger l'imprimerie de Simon de Colines, habile graveur de caractères, qui, par son mariage avec la veuve de Henri Estienne, était devenu propriétaire, du moins en partie, des presses de ce célèbre imprimeur. Dès ce moment Robert commença une série de publications qui lui valurent plus tard la haine du clergé, et en particulier de la Sorbonne, ce berceau de l'imprimerie un demi-siècle auparavant.

A cette époque, la typographie orientale

était fort arriérée en France ; François Ier fit de grands efforts pour donner à son pays la prééminence littéraire et scientifique à laquelle il avait droit de prétendre. Ce prince encouragea les publications hébraïques du savant Tissard et de Gourmont ; il appela, vers 1519, de Rome à Paris, le Génois Agostini Giustiniani pour professer l'hébreu et l'arabe ; il fonda dans le *Collége des trois langues*, nommé plus tard Collége royal, une chaire pour l'enseignement de l'hébreu ; enfin il contribua à l'impression des deux bibles hébraïques qu'exécuta, de 1539 à 1544, Robert Estienne, auquel il accorda le titre d'*imprimeur du roi* pour les langues hébraïque et latine. Par lettre patente du 17 janvier 1538, il conféra le titre d'imprimeur du roi pour le grec à Conrad Néobar, gendre de Toussan, lecteur royal en la même langue. Il le chargea en outre de faire graver, aux frais du trésor royal, des caractères grecs sur les dessins les plus exacts, pour répandre l'usage de cette langue harmonieuse et savante en en rendant l'étude plus facile et surtout moins coûteuse ; car les grandes dépenses qu'il fallait faire alors pour se procurer des livres grecs, mal imprimés et avec de vilains caractères, en éloignaient beaucoup de personnes.

Néobar étant mort en 1540, avant d'avoir pu mener à fin ce travail, il échut à Robert Estienne, qui reçut bientôt aussi (vers 1545) le titre d'imprimeur du roi pour le grec. M. Renouard dit que c'est à partir de cette époque que Robert s'intitula d'une manière absolue *imprimeur du roi* (typographus regius) ; mais il paraît qu'il se qualifiait ainsi quelque temps avant, du moins sur les ouvrages en langue hébraïque, comme le prouve l'alphabet hébreu qu'il publia en 1539. Seulement, à partir de 1545, il put prendre sur tout ce qui sortait de son imprimerie ce titre que ne partageait plus personne avec lui, et qui, suivant les termes d'une ordonnance de 1620, rapportée par M. Isambert, élevait celui qui le portait au rang « des officiers domestiques et commen» çaux du roi, » sur les états duquel, en outre, il se trouvait inscrit. C'est à ce titre, en effet, que Robert Estienne recevait une pension de 225 livres.

Toutes ces circonstances réunies ont porté plusieurs auteurs à faire remonter l'origine de l'Imprimerie nationale au seizième siècle. Il a même été frappé une médaille officielle qui reporte la fondation de cet établissement à l'année 1539. Le lecteur verra par la suite si cette opinion est fondée. Quant à moi, je dois avouer que je ne la crois pas telle, au moins au point de vue purement historique (1).

Suivant quelques auteurs, les caractères de François Ier, qui sont connus sous le nom de *grecs du roi*, et qui se trouvent aujourd'hui à l'Imprimerie nationale, furent gravés par le célèbre Garamont, d'après les dessins d'Ange

(1) Si l'Académie a pris la date des lettres qui donnent à Néobar le titre d'imprimeur du roi pour celle de la fondation de l'*Imprimerie royale*, elle a commis une double erreur, car il y avait des imprimeurs du roi avant cette époque (je citerai entre autres Michel Vascosan, qui l'était en 1530), et il y en eut toujours depuis, même après l'établissement réel de l'Imprimerie royale.

Vergèce, sous la direction et en partie aux frais de Néobar, assisté lui-même du conseil d'un professeur royal, probablement Jacques Toussan, son beau-frère. D'après une autre opinion, c'est Robert Estienne qui a surveillé l'exécution des caractères grecs, et c'est Henri Estienne, fils de Robert, et âgé seulement alors de quatorze ans, qui a donné le dessin des lettres, au moins pour le plus petit caractère. Quoi qu'il en soit, c'est grâce à la munificence de François 1er que les presses de Robert Estienne, rivales de celles d'Alde l'ancien, mirent au jour, de 1544 à 1550, les nombreuses et savantes publications grecques dont ce célèbre imprimeur dota la France, et parmi lesquelles on ne compte pas moins de huit premières éditions.

La gravure de ces caractères parut une chose si admirable alors, qu'on crut devoir en conserver les poinçons à la chambre des comptes, où ils furent placés par ordre du roi ; mais où on les perdit bientôt de vue au milieu de cet immense dépôt de choses avec lesquelles ils avaient si peu de rapport.

Quant aux matrices, dont on devait avoir journellement besoin, elles restèrent entre les mains de Robert Estienne, à la charge de fournir des caractères, sous certaines conditions, à tous les imprimeurs qui en feraient la demande. La première de ces conditions était de constater sur le titre du livre que l'impression était faite avec les *types royaux*.

L'affection du monarque ne se manifesta pas seulement par des largesses à l'égard de Robert Estienne, il couvrit souvent son imprimeur, auquel il rendait même parfois visite, d'une protection efficace et bien nécessaire. Mais après la mort de François Ier, prévoyant que Henri II ne serait pas assez puissant ou assez ferme pour le défendre contre les attaques de la Sorbonne, dont la haine croissait en proportion des progrès que faisaient en France les nouvelles opinions religieuses, Robert résolut de quitter sa patrie : il se retira à Genève, où il fonda un nouvel établissement vers 1550.

En émigrant, Robert Estienne avait emporté les matrices des *grecs du roi*; en 1612, son petit-fils Paul se vit réduit à les livrer à la république de Genève en garantie de certaines créances. Les ennemis de Robert l'ont accusé d'abus de confiance, disons le mot, de vol, pour avoir emporté ces objets payés des deniers de François Ier. Un pareil reproche, fait à la mémoire d'un homme de la trempe de Robert, n'était pas de nature à passer sans conteste. Aussi plusieurs écrivains distingués ont-ils entrepris de justifier ce savant. Malheureusement leurs arguments, n'étant pas basés sur certaines connaissances techniques essentielles dans cette question spéciale, ne sont pas sans réplique. Se fondant sur ce qui arriva plus tard à Vitré, dans une circonstance analogue, dont il sera parlé plus loin, ils disent que Robert, n'ayant jamais été défrayé de ses dépenses, avait pu sans scrupule s'attribuer la propriété de matrices dont il avait fait graver à ses dépens les poinçons. Mais rien n'autorise à faire une pareille supposition, qui, fût-elle fondée, ne justifierait pas complétement Robert. En effet, on ne voit pas que les Estienne aient jamais réclamé aucune somme pour cet objet. Il est bien plus naturel de penser que ces matrices avaient été données en propre aux Estienne, à la condition, comme je l'ai dit plus haut, de fournir, moyennant payement, des fontes de grec à tous ceux qui pourraient en avoir besoin. François Ier n'avait pas intérêt à garder ces matrices par-devers lui : c'étaient des objets dont il n'avait que faire. Il lui suffisait d'avoir les poinçons, qu'il avait fait déposer à la chambre des comptes, et à l'aide desquels il pouvait toujours se procurer d'autres matrices : son but étant de répandre l'usage de ces beaux caractères grecs en France, il ne pouvait pas employer un meilleur moyen pour y arriver que de doter généreusement l'industrie des instruments de production (1). Au surplus, mon opinion est corroborée par plusieurs autres indices.

(1) Par décret du 11 pluviôse an v, le gouvernement autorisa de même les imprimeurs français à se procurer à l'Imprimerie de la république, et moyennant payement de la valeur matérielle, tous les caractères étrangers dont ils pourraient avoir besoin.

Voici les principaux : 1° jamais le gouvernement français ne réclama ni à Robert ni à ses enfants les matrices grecques dont ils faisaient publiquement usage à Genève ; 2° lorsqu'on voulut les retirer des mains étrangères, ce fut ce même Paul, qui les avait engagées, qui fut chargé de traiter avec la république de Genève ; 3° enfin c'est au fils de Paul, à Antoine Estienne, qu'on les donna en garde, après qu'elles eurent été rapportées en France. Tout cela prouve surabondamment, je pense, que les Estienne ne méritaient aucun reproche en cette occasion, et qu'ils usèrent de leur droit en se servant de ces matrices, qu'ils devaient à la munificence de François Ier. Il était sans doute bien fâcheux que des caractères qui avaient été gravés pour la France fissent honneur à l'étranger ; mais cela était arrivé naturellement, par suite d'une circonstance imprévue, la persécution de Robert, persécution qui l'avait forcé d'abandonner sa patrie. Un sentiment de justice bien naturel nous a fait devancer l'ordre des temps. Nous allons le reprendre.

Après l'expatriation de Robert Estienne, les travaux scientifiques furent un peu négligés en France, par suite des troubles qui y survinrent, et qui durèrent près d'un demi-siècle. On ne songeait plus guère aux caractères grecs de François Ier, dont quelques fontes duraient cependant encore, mais qu'on ne savait comment renouveler, parce qu'on avait perdu de vue les matrices, et qu'on n'avait plus nulle idée des poinçons.

Après la soumission de Paris par Henri IV, on revint à l'étude des langues orientales. L'imprimeur du roi pour le grec était alors Estienne Prevosteau, qui publia, en 1596, un ouvrage intitulé : *Paradigmata de quatuor linguis orientalibus, præcipuis arabica, armenia, syra, ethiopica*. Il est à remarquer toutefois qu'il ne put reproduire ces quatre langues en caractères mobiles, et que ce qui n'est pas gravé sur des planches de bois est figuré en caractères hébreux.

Cette pénurie de caractères orientaux où se trouvait la France, et qui était d'autant plus sensible pour les gens de lettres qu'alors plusieurs états de l'Europe s'illustraient dans ce genre d'impression, ramena l'attention sur cet objet. Savary de Brèves, ambassadeur de France à Constantinople, se mit en mesure de doter son pays de ce genre de richesses. Durant un long séjour dans le Levant, il recueillit des modèles de caractères des principales langues de l'Orient, et en fit faire des poinçons, auxquels travailla particulièrement le Bé, un des principaux graveurs de Paris.

De Brèves revint dans cette ville en 1611, mais il y séjourna peu, ayant été chargé d'une ambassade auprès du saint-père. Il transporta avec lui, à Rome, son imprimerie, qui, de son nom, fut appelée *savarienne* (*typographia savariana*); elle rivalisa et surpassa même pour la perfection des types les productions italiennes. Elle se composait particulièrement de trois caractères : l'arabe, le syriaque et le persan, connu sous le nom de *takalik*, et avec lequel on pouvait imprimer le turc. Savary de Brèves fut bientôt rappelé à Paris, où il rapporta ses caractères, et la vue de ses impressions réveilla le souvenir des savants. On s'occupa dès lors sérieusement des matrices engagées par Paul Estienne. Il paraît qu'on ignorait l'existence des poinçons qui se trouvaient enfouis à la chambre des comptes, car il n'en fut pas question dans toute cette affaire. De Brèves était revenu en 1615 ; en 1616 le chancelier Guillaume du Vair faisait réclamer ces matrices à la république de Genève, qui était sur le point de les livrer aux Anglais. Toutefois elles ne furent rendues qu'en 1621, moyennant trois mille livres avancées par la chambre du clergé, qui se proposait alors de publier une collection des pères grecs, et elles furent déposées au collége royal (1), ou plutôt chez Antoine Estienne, *imprimeur du roi et du clergé*, qui demeurait dans un bâtiment attenant au collége.

Quant aux caractères de Savary de Brèves, ils étaient toujours dans les mains de ce sa-

(1) Ce fait est consigné dans un arrêt du conseil de 1663, dont je parlerai plus loin.

vant philologue, qui les mettait généreusement au service de la science. Antoine Vitré, *imprimeur du roi pour les langues orientales*, en fit usage jusqu'à la mort de Savary, arrivée en 1627. A cette époque, les poinçons de ces caractères furent mis en vente par les héritiers de de Brèves, et les Anglais et les Hollandais s'en disputaient déjà la possession, lorsque le roi les fit acheter pour son compte par Vitré, afin d'éviter une enchère exagérée. Vitré fit cette acquisition au prix de quatre mille trois cents livres, somme bien inférieure à la valeur réelle de ces objets, dont quelques années avant le sieur des Noyers avait offert, au nom du roi, jusqu'à vingt-sept mille livres, non compris encore un grand nombre de manuscrits orientaux qui se trouvèrent faire partie du lot de Vitré.

Louis XIII fit délivrer à celui-ci une ordonnance de six mille livres qui devait solder son compte et le mettre à même de faire graver quelques autres caractères. Vitré fit faire en effet des poinçons d'arménien par Jacques de Santecque, habile graveur de cette époque; mais n'ayant pu être payé sur le titre royal, et n'ayant pas non plus, par suite, payé les héritiers de Brèves, il eut à soutenir un long et déplorable procès. Enfin la chambre du clergé vint encore cette fois acquitter la dette de l'état. En 1656, elle indemnisa Vitré, et s'entremit pour faire terminer son procès. Elle arrêta que les poinçons et les matrices des caractères orientaux seraient apportés dans ses archives, et y resteraient jusqu'à ce qu'on se fût entendu, d'un côté, avec la chambre des comptes, qui serait priée de réunir les premiers avec les poinçons grecs, dont on avait enfin retrouvé la trace, et, de l'autre, avec le secrétariat de la Bibliothèque royale, auquel on confierait les secondes, pour les prêter à ceux qui pourraient en avoir besoin, à la condition de rappeler sur le titre des livres que l'impression avait été faite avec les *types du clergé français.*

M. de Guignes, dans une *Notice* qu'il a écrite *sur les caractères exotiques de l'Imprimerie royale*, dit que Vitré resta en possession des poinçons et matrices jusqu'à sa mort, arrivée en 1674, et qu'alors ils furent déposés à la Bibliothèque royale; mais il est plus probable qu'ils furent confiés à cet établissement par les agents même du clergé, à qui ce lieu sembla plus convenable que leurs archives pour conserver de pareils objets. Ce qui a pu induire en erreur M. de Guignes, c'est que Vitré continua à faire usage des caractères orientaux; mais il suffisait pour cela qu'il eût conservé ce qui avait été fondu, et qui fut même employé après sa mort par Pierre Petit, *imprimeur du roi.*

II

Historique de l'Imprimerie royale jusqu'à la révolution de 1789.

Les circonstances qui viennent d'être rappelées sommairement avaient attiré l'attention sur l'impression des ouvrages orientaux, et fait sentir le besoin de réunir, dans l'intérêt de la science, en un lieu convenable, les différents caractères gravés par ordre de François Ier, et ceux acquis par Louis XIII, et de s'en servir pour la publication des grands ouvrages religieux, scientifiques ou historiques, trop coûteux pour pouvoir trouver un éditeur. En 1640, le roi, ou plutôt le cardinal de Richelieu, fonda *l'Imprimerie royale*, destinée, porte une ordonnance de 1660, « à donner au public les ouvrages des » bons auteurs, en caractères dignes de leurs » travaux (1). » Elle fut établie dans plusieurs salles attenantes au rez-de-chaussée de la grande galerie du Louvre, dans un emplacement qui devint, plus tard, *la petite écurie du roi*. La première dotation de cet établissement paraît avoir été la collection des matrices grecques rachetées à la république de Genève, et dont Antoine Estienne était et resta détenteur provisoire. Quant aux poinçons et matrices de Savary de Brèves, ils étaient alors l'objet d'un procès pendant devant le parlement.

Le personnel mis à la tête de l'Imprimerie

(1) Deuxième pièce du *Recueil des lois concernant l'Imprimerie royale*, imprimé dans cet établissement en 1815, et dont il ne reste plus que deux exemplaires, sur cinq qui ont été imprimés. — Déjà une ordonnance du 2 février 1620 avait décidé que les sieurs Nurel et Mettayer, imprimeurs ordinaires du roi, pourraient seuls imprimer les édits, ordonnances, règlements, déclarations, etc.

royale peut donner une idée de l'importance qu'on attacha dès lors à ses travaux (1). La haute administration de l'établissement fut confiée par le roi à Sublet, seigneur des Noyers, marquis de Dangu, « surintendant » et ordonnateur général de ses bâtiments et » manufactures.» Sébastien Cramoisy, membre d'une ancienne et célèbre famille d'imprimeurs-libraires de la ville de Paris, en fut nommé directeur ; Raphaël Trichet, sieur de Fresne, savant versé dans la connaissance de plusieurs langues, correcteur. On fit choix du Poussin pour dessiner les frontispices. Non-seulement ce grand peintre les composait, mais encore il ne s'en rapportait qu'à lui-même de leur exécution. On voit par quelques-unes de ses lettres que ces dessins lui demandaient un temps considérable.

En mars 1642 parut un arrêt du con-

(1) On lit dans *le Dictionnaire administratif et historique des rues de Paris*, par les frères LAZART, à l'article *Imprimerie royale* : « On consacra, pour ainsi dire, ce bel établissement en commençant les travaux de l'*Imitation de Jésus-Christ.* » J'ignore où a été pris ce renseignement, que je crois inexact.

seil d'état portant que depuis l'établissement d'une Imprimerie royale « fait au Louvre, » avec une curieuse recherche des plus beaux » caractères dont on puisse se servir, plusieurs » imprimeurs et libraires étrangers, prétendant de contrefaire les ouvrages de ladite » imprimerie, tâchent d'avoir des matrices, » ou au moins des fontes des caractères dont » on se sert dans ladite imprimerie ; les matrices desquels sont pour la plupart en ladite imprimerie, et le surplus ès mains » d'aucuns libraires et fondeurs de la ville » de Paris (1). » En conséquence, le roi défend à ces derniers tout commerce de ce genre sous les peines les plus sévères.

Le lieu qu'occupait l'Imprimerie royale était vaste et commode. Il consistait en une longue suite de pièces spacieuses, dont les portes en correspondance offraient une longue perspective. « Durant quelques années, » dit Sauval, elles furent remplies d'une si » grande quantité de presses et d'ouvriers,

(1) Première pièce du *Recueil*, etc., cité précédemment.

» qu'en deux ans seulement il en sortit
» soixante-dix grands volumes grecs, fran-
» çais, latins, italiens, et entre autres les
» conciles, en trente-sept volumes in-folio,
» et tous imprimés d'un caractère très-gros,
» très-net et très-beau, et sur le plus fin pa-
» pier, le plus fort et le plus grand dont on
» se soit servi. Et comme le soin qu'on en
» prit ne fut pas moindre que la dépense, on
» ne doit pas s'étonner qu'un si riche travail
» ait porté l'imprimerie à son plus haut
» point de perfection. Ses premiers produits
» ravirent toute la terre. Les Anglais, les Al-
» lemands, les Italiens proclamèrent la supé-
» riorité des Français dans cet art. Le pa-
» triarche de Constantinople en félicita le
» sieur des Noyers dans une lettre fort obli-
» geante qu'il lui écrivit.» Les sept premières années, l'Imprimerie royale coûta au roi 368,731 livres. L'an 1641 coûta à elle seule 120,185 livres; mais en 1647 cette activité s'était beaucoup ralentie, puisque la dépense ne s'éleva qu'à 13,374 livres. Cet état de langueur dura fort longtemps.

En 1663, un abus de confiance d'Antoine Estienne donna occasion à la publication d'un nouvel arrêt défendant le commerce des caractères fondus avec les matrices de l'Imprimerie royale. Il paraît que cet imprimeur avait vendu une quantité considérable de grec à un libraire nommé Lucas, qui l'avait envoyé à Jean Berthelin, libraire à Rouen. Le roi fit « très-ex-» presse inhibition et défense audit Estienne, » et à tous autres, de faire aucune fonte desdits » caractères grecs sur lesdites matrices (1). » Il est même probable que ces dernières furent alors retirées des mains d'Antoine, et remises au directeur de l'Imprimerie royale.

Sébastien Cramoisy étant mort en 1669, après avoir exercé les charges les plus honorables de la magistrature municipale ou consulaire, Mâbre-Cramoisy, son petit-fils, lui succéda en vertu d'une ordonnance du roi qui lui avait accordé la survivance de son grand-père maternel dès l'année 1660 (2).

(1) Troisième pièce du *Recueil des lois concernant l'Imprimerie royale*.

(2) Seconde pièce du *Recueil*, etc.

Un des principaux actes de l'administration de ce nouveau directeur fut de retirer du greffe de la chambre des comptes les poinçons de grec qui s'y trouvaient depuis un siècle et demi. Malgré l'ordre royal dont il était pourvu, il éprouva de véritables difficultés pour obtenir cette restitution. On exigea trois lettres de cachets : une pour la compagnie ; une pour le premier président, et la troisième pour les avocat et procureur du roi. Enfin, toutes les formalités étant accomplies, on remit à Mâbre une cassette qui contenait huit paquets de poinçons renfermés dans des boîtes garnies de velours.

Il paraît que M. de Louvois lui-même ignorait alors d'où provenait cette cassette, puisque, par une lettre du 10 décembre 1683, il demandait « comment cette cassette » avait été portée à la chambre, comment la » chambre en était chargée, en vertu de quel » ordre, et la copie de cet ordre s'il se pou- » vait. » Il fut impossible de satisfaire à ces diverses questions, parce qu'on avait perdu non-seulement les actes, mais même le souvenir de ce dépôt. Ce qui a lieu de surprendre davantage, c'est que, quarante ans après, M. de Foncemagne, ayant acquis la preuve que François Ier avait chargé la chambre des comptes de la garde de ses poinçons grecs, les redemanda de nouveau et vainement, comme on peut croire, ignorant sans doute la remise qui en avait été faite précédemment à l'Imprimerie royale, remise dont la chambre des comptes ne se rappelait déjà plus : ce qui confirma le public savant dans l'opinion que ces poinçons étaient perdus.

Mâbre-Cramoisy étant mort en 1687, M. le chancelier de Pontchartrain laissa provisoirement à sa veuve la direction de l'Imprimerie royale, qu'il se proposait d'organiser sur une plus grande échelle. Cette dame reçut l'ordre de faire faire des épreuves de tous les caractères que l'établissement possédait déjà, et un inventaire général de tout ce qui s'y trouvait, tant en caractères qu'en ustensiles (1).

(1) Je n'ai jamais pu me procurer ni le *specimen*

Enfin, le 15 janvier 1691 parut une ordonnance (1) qui nommait directeur de l'Imprimerie royale Jean Anisson, célèbre imprimeur-libraire de Lyon, auquel le roi fit accorder en outre les priviléges nécessaires pour qu'il pût exercer la même profession à Paris; car alors les fonctions de directeur n'étaient pas ce qu'elles sont devenues depuis. Comme on le verra plus loin, l'homme placé à la tête de l'Imprimerie royale était bien moins un fonctionnaire public qu'un industriel recommandable, et auquel à ce titre était confié un matériel spécial appartenant au roi ou à l'état.

En 1691, ce matériel était encore bien restreint, mais il s'accrut rapidement à partir de cette époque. M. de Pontchartrain, jugeant les lettres intéressées au rétablissement de l'Imprimerie royale, s'en occupa activement. Le nouveau directeur, chargé par lui

ni l'inventaire dont il est ici question ; mais nous savons quelles étaient alors les richesses de l'Imprimerie royale en caractères exotiques.

(1) Voir dans le *Recueil*, etc., page 8.

de présenter des plans qui pussent remplir les vues du roi, proposa au ministère d'affecter à cette imprimerie des caractères particuliers, uniquement gravés pour elle, et qui ne pussent être confondus avec ceux des autres imprimeries. Cette proposition fut accueillie par le gouvernement. Un comité de membres de l'Académie des sciences, de gens de lettres et d'artistes, fut nommé pour cet objet. Il était composé de MM. l'abbé Bignon, Jangeon, des Billettes le père, Sébastien Truchet, Anisson, Simonneau, préposé par le roi pour la gravure des planches, et Granjean, préposé pour celle des poinçons. Ce comité eut pour mission de déterminer, d'après des principe généraux, la meilleure forme des lettres. « Après avoir compilé à cet effet » les manuscrits et les plus belles éditions de » la Bibliothèque royale et autres, on ima- » gina des moyens géométriques pour tracer » celle de leur configuration, qui se trouvè- » rent enfin satisfaire le plus la vue ; ce tra- » vail occupa le comité pendant plusieurs an- » nées, et il en résulta une table exacte des

» proportions des lettres, où chaque sorte » était en même rapport avec celle qui la » suit et celle qui la précède. Cette entre- » prise était très-considérable (1). » Trente corps de caractères romains et italiques, rondes, bâtardes, coulées, vignettes assorties furent successivement tracés, gravés, frappés et fondus, et formèrent un système complet de typographie française.

La typographie étrangère ne fut pas négligée non plus. Dès l'année 1691 le garde de la Bibliothèque royale reçut ordre de remettre au nouveau directeur de l'Imprimerie royale les poinçons et matrices des caractères orientaux de Savary de Brèves. La remise s'en fit en 1692 (2).

Cette même année, M. de Pontchartrain chargea le graveur Grandjean de faire un grand

(1) Extrait d'un rapport déposé aux Archives nationales.

(2) Le fils de Le Jay avait offert à cet établissement les poinçons du caractère samaritain employé dans la célèbre Bible de son père ; mais ils ne se sont pas retrouvés lorsqu'on fit l'inventaire de 1787, dont nous parlerons plus loin.

nombre de poinçons grecs, soit pour compléter les trois corps qui existaient déjà, soit pour suppléer aux pertes qu'ils avaient éprouvées. On le chargea aussi de graver un autre caractère grec plus fort que ceux qui existaient déjà ; mais il est resté imparfait. Il n'était d'ailleurs ni sur les mêmes proportions ni sur les mêmes principes que les types de François Ier.

Quant à ceux-ci, qui furent dès lors remis en lumière, ils parurent si beaux, que l'université de Cambrige en demanda une fonte pour son usage particulier. Le gouvernement français accéda à cette demande, à la condition qu'on rappellerait le fait dans la préface du premier volume imprimé avec ces caractères à l'académie de Cambridge, et qu'on mettrait en outre sur le frontispice de chaque volume une ligne ainsi conçue : *Caracteribus græcis e typographeio regio parisiensi*. Ce fut, sans doute, l'amour-propre national qui empêcha la conclusion de cette affaire.

L'accoissement que venait de recevoir l'Imprimerie royale exigeant un emplacement plus vaste que celui qu'elle occupait, elle fut alors transportée dans les salles de la grande aile du Louvre qui touchent au pavillon du campanille, à l'est, et au-dessous de la grande galerie. Elle y occupait un espace de plus de 80 pieds de long.

En 1705, le directeur de l'Imprimerie royale s'associa son beau-frère, Claude Rigaud, libraire, en faveur duquel il se démit tout à fait de sa charge en 1707. Celui-ci fut pourvu par ordonnance royale du 16 février (1), et continua les plans d'amélioration conçus par Jean Anisson.

Vers 1715, le duc d'Orléans, régent du royaume pendant la minorité de Louis XV, chargea l'abbé Bignon, connu par son zèle pour le progrès des sciences et des lettres, et promoteur du projet, d'envoyer à la Chine des jeunes gens pour y étudier le chinois, et contribuer à répandre en France la connaissance de cette langue, qui pourrait être fort utile aujourd'hui au commerce, l'entrée du

(1) Voir dans le *Recueil*, etc., page 11.

céleste empire étant libre. A leur retour, et de concert avec eux et Fourmont, de l'Académie des belles-lettres, l'abbé Bignon fit le plan d'une typographie chinoise qui devait être portée à cent mille caractères en bois. Il n'en fut toutefois gravé que quatre-vingt-six mille, qui coûtèrent 19,000 livres, et furent déposés à la Bibliothèques royale, lieu de travail habituel de cette espèce de comité chinois, et y restèrent jusqu'à la révolution, malgré les réclamations du directeur de l'Imprimerie royale.

Vers 1720, le duc d'Orléans ordonna encore la gravure de quatre corps de caractères hébraïques. Ils furent exécutés par le sieur Villeneuve (1). Cet artiste reçut aussi l'ordre de travailler à remplacer les poinçons de l'ancienne typographie orientale de M. de Brèves qui avaient été égarés. Ces travaux coûtèrent 25,000 livres.

(1) Villeneuve ne paraît pas avoir vendu les poinçons, car on ne les a pas retrouvés à l'Imprimerie nationale, qui ne possède que les matrices de ces caractères hébreux.

En 1723, Claude Rigaud, dont la santé était chancelante, s'associa son neveu, Louis-Laurent Anisson (le fils de son prédécesseur), qui fut nommé directeur titulaire en 1725. D'un autre côté, le sieur Grandjean, qui le premier avait reçu le brevet de *graveur du roi*, avec une pensión, étant mort cette année, fut remplacé par son élève Alexandre, qu'il avait précédemment associé à ses travaux.

Par suite des nouveaux accroissements qu'avait reçus l'Imprimerie royale depuis qu'elle avait été transportée dans le local qu'elle occupait près du pavillon du campanille, elle se trouvait déjà trop à l'étroit, et il fallut songer à l'agrandir encore. Comme on avait d'ailleurs le dessein de mettre sous les yeux du directeur tous les détails du service, dont quelques-uns, la fonderie, par exemple, qui s'était considérablement accrue dans le premier quart du dix-huitième siècle, s'en trouvaient éloignés, le duc d'Ansin, surintendant des bâtiments de la couronne, reçut les ordres du roi pour faire les agrandissements nécessaires En conséquence, on démolit toutes les constructions intérieures des salles occupées par l'Imprimerie royale, ne conservant que les gros murs, et on pratiqua une galerie au premier étage, placée au-dessus du guichet, capable de contenir seize à dix-sept presses, un grand magasin pour le papier, des ateliers, et enfin un beau logement pour le directeur (1), à l'ouest du guichet.

Lorsque cet arrangement fut terminé, on fit transporter dans ce nouveau local tout ce qui concernait la gravure et la fonderie des caractères appartenant à l'Imprimerie royale, et qui se trouvait en dernier lieu chez la veuve de Granjean, à laquelle le roi avait accordé la survivance de son mari. Ce matériel était déjà considérable; le tout fut rangé avec ordre dans différentes salles, et livré à l'étude des gens de l'art et de la science. Le graveur Alexandre fut breveté à son tour, et travailla au caractère nommé la *sédanoise*, avec lequel on imprima *la Phèdre* et Horace ; mais il ne

(1) Blondel, *Traité d'architecture*, dernière édition.

voulut pas entreprendre la *perle*, le plus petit de la série des vingt corps de caractères complets, romains et italiques, dont le projet avait été arrêté dès le dix-septième siècle. Pour ce travail difficile, il s'adjoignit son gendre, Louis Luce, qui unissait à une grande habileté dans son art les talents de la sculpture et du dessin. C'est ce dernier qui grava la perle, le plus petit caractère qu'on eût vu jusqu'alors.

« C'est aussi à ce génie rare et excellent, » dit Blondel, qu'on est redevable des bor- » dures, cadres et vignettes, culs-de-lampe, » lettres grises, etc., dont on a enrichi le plus » souvent les livres de réputation exécutés à » l'Imprimerie royale. Tous ces ornements, » la plupart d'un goût excellent, furent gra- » vés sur acier, et imitaient parfaitement la » taille-douce. »

En 1773, deux ans après la mort de ce célèbre graveur, le roi fit acheter à ses héritiers une série complète de caractères romains et italiques qui était inutile à l'Imprimerie royale, mais qu'on ne voulut pas détacher d'une collection unique de 1457 poinçons de vignettes en acier et leurs matrices, représentant toutes sortes de sujets allégoriques et d'ornements du meilleur goût. Cette acquisition coûta cent mille livres.

C'est à tous les travaux d'art dont l'Imprimerie royale était le centre qu'est due en partie la considération qui s'attacha à la profession de typographe dans le dix-huitième siècle. On sait qu'elle devint alors un exercice noble : la plupart des grands personnages se faisaient gloire d'avoir dans leur maison une imprimerie à laquelle ils consacraient leurs loisirs. Il me suffira de citer le chancelier d'Aguesseau, le marquis de Lassay, madame de Pompadour, et même Louis XV, qui eut dans sa jeunesse une imprimerie aux Tuileries (1), comme, plus tard,

(1) Cette imprimerie était dirigée par J. Collombet. La charge de surintendant des bâtiments, etc., ayant été supprimée en 1708, après la mort du marquis de Louvois, fut rétablie en 1716, en faveur du duc d'Ansin. L'ordonnance royale qui nommait ce dernier mit dans ses attributions les *imprimeries royales*.

madame la Dauphine, le duc de Bourgogne, son fils, et Louis XVI lui-même, au château de Versailles (1).

Toutefois il est juste de dire que les travaux philologiques furent un peu négligés à l'Imprimerie royale vers la fin du dix-huitième siècle. Aussi lorsque le roi ordonna, en 1786, la publication des *Notices des manuscrits de la Bibliothèque*, on craignit de ne pas pouvoir exécuter cette entreprise faute de caractères exotiques, ceux de l'Imprimerie royale ayant été depuis longtemps perdus de vue. Quelques savants se souvinrent cependant que ce dépôt avait possédé autrefois les

(1) On avait commencé à rendre cet hommage à l'imprimerie dès le dix-septième siècle, témoin l'imprimerie que le cardinal du Perron avait à sa maison de campagne, à Bagnolet, en 1600; celle du cardinal de Richelieu, au château de ce nom, en 1640; celle du surintendant Fouquet, à Saint-Mandé, vers 1660, etc. Louis XIII avait aussi pour son usage particulier un détachement de l'Imprimerie royale dans le pavillon de la reine, au vieux Louvre; c'est là qu'il fit exécuter un livre d'heures intitulé : *Parva pietatis officia*; 1642, 2 vol. in-4°, ornés d'un frontispice gravé, représentant ce prince à genoux.

types de divers caractères orientaux, et le roi ordonna de faire des recherches à ce sujet, et de dresser un inventaire de ceux qu'on pourrait trouver. M. de Guignes, chargé de ce travail, rendit compte au public du résultat de ses investigations dans une note insérée en tête de la collection en vue de laquelle elles avaient été entreprises (1). Il fit faire aussi à la main (2) une épreuve des divers types orientaux que possédait l'Imprimerie royale, car on n'y trouva plus aucune fonte. Ce monument curieux, qui existe encore, signala l'existence de caractères arabes, syriaques, arméniens et hébraïques, sans compter les *grecs du roi*. Louis XVI donna des ordres pour qu'on fît des fontes de ces caractères, dont quelques-uns furent même employés dans les premiers volumes des *Notices des manuscrits de la Bibliothèque royale;*

(1) Voyez le premier volume des *Notices des manuscrits de la Bibliothèque royale*. Imprimerie royale, in-4°, 1787.

(2) C'est ce qu'en terme d'imprimerie on appelle *pousser*.

mais les circonstances vinrent bientôt interrompre cette publication.

Avant d'aller plus loin, il convient de rappeler ici quelques changements survenus dans le personnel de l'Imprimerie royale durant le cours du dix-huitième siècle. Jacques Anisson, ayant obtenu la survivance de son frère, Louis-Laurent, lui succéda en 1733 dans la direction. En 1760, un autre, Louis-Laurent, fils de Jacques, obtint la survivance de son père et lui succéda peu de temps après. Enfin, en 1788, Alexandre Anisson succéda à Louis-Laurent son père, dont il avait obtenu la survivance en 1783. D'un autre côté, le graveur Fagnon succéda à Louis Luce en 1771. Il fut le quatrième graveur breveté attaché à l'Imprimerie royale.

Quant au matériel, cet établissement s'accrut en 1775 de celui d'une imprimerie fondée quatre ans (1) auparavant à Versailles

(1) C'est sans doute par erreur qu'on lit dans le *Dictionnaire* des frères Lazart, déjà cité : « Un arrêt » du 22 mai 1775 réunit à l'Imprimerie royale celle » qui avait été fondée en 1685 dans l'hôtel de la » guerre à Versailles. »

pour le service des bureaux des départements de la guerre, de la marine et des affaires étrangères. Elle s'accrut encore, en 1789, de celui d'une petite imprimerie qui avait été établie à Versailles en 1785 pour les travaux du cabinet. Cette suppression eut lieu en vertu de conventions particulières entre la veuve Hérissant et Alexandre Anisson, qui dut toutefois établir une succursale de l'Imprimerie royale à Versailles. Mais cette succursale, qui était située rue de l'Orangerie, dut revenir à Paris avec la cour, après les journées d'octobre 1789.

Ces arrangements me fournissent naturellement l'occasion de dire un mot du régime administratif de l'Imprimerie royale. Avant la révolution, cet établissement était exploité comme une autre imprimerie par le directeur et à ses frais. Il était payé de ses travaux sur des tarifs arrêtés par le roi, et avait de plus le privilége de la vente de certaines impressions. Aussi voit-on, dans un *compte rendu au roi en mars* 1788, que le titre de directeur ne donnait droit qu'à un modique traitement fixe de quatorze cents livres. Voici, au surplus, les principaux chiffres de ce compte, qui peut donner une idée de l'importance des travaux exécutés à l'Imprimerie royale à cette époque.

Appointements du directeur.......		1,400 liv.
Au correcteur d'épreuves (comme traitement royal, indépendamment de sa rétribution particulière payée par le directeur)..............		300
Impressions pour le département de la finance.....................		60,000
Pour le département de la maison du roi.......................		24,000
Frais de gravure.........	2,000	4,300
Frais de reliure.........	2,300	
TOTAL...		90,000

Non compris les dépenses de la guerre et de la marine, qui étaient payées par ces départements.

Ainsi à cette époque, comme aujourd'hui, les administrations publiques payaient leurs impressions d'après certains tarifs; seulement alors les bénéfices, au lieu de faire retour à l'état, servaient de complément de traitement au directeur, qui, de son côté, faisait toutes les dépenses en papiers et matières, et payait tous les employés.

On lit dans un mémoire rédigé par Anisson lui-même, et remis en 1789 au garde des sceaux, en réponse aux projets de réforme qui avaient cours alors, un passage ainsi conçu :

« Tous les poinçons, matrices, moules, in-
» struments de fonderie, presses, casses sont
» au roi. Le directeur est obligé de les repré-
» senter, ainsi que..... pesant de matières
» contaté par les inventaires appartenir au
» roi. Le reste du poids de la matière est au
» directeur, qui s'en fournit à son compte.
» Les frais à la charge du roi sont, entre
» autres, un logement pour le directeur aux
» galeries du Louvre (ce qui ne dispense pas
» ce dernier d'avoir une maison pour son ser-
» vice, ses commis, etc.), les gages de 800 li-
» vres d'un graveur pour l'entretien des
» poinçons et matrices, des pensions de 100
» à 200 livres à de vieux ouvriers, etc. »

En résumé, les charges étaient, comme on le voit, pour le roi, et les bénéfices pour le directeur. Mais nous voici arrivés au moment solennel où tout devait être reconstitué en France, et l'Imprimerie royale subit le sort commun.

III

Anéantissement de l'Imprimerie royale; création d'une imprimerie du gouvernement.

L'Imprimerie royale était chargée de l'impression des actes du gouvernement. La vente de ces actes constituait même, au profit du directeur de l'établissement, un privilége fort lucratif, et qui le devint davantage encore à l'époque de la révolution, par suite de la multiplicité de ces actes. Le mode de publication adopté était d'ailleurs fort peu économique : chaque loi, par exemple, se tirait à part, au nombre de 5,000 exemplaires, et dans le format in-quarto, ce qui occasionnait une consommation considérable de papier, et exigeait l'emploi d'un grand nombre de presses. Pour satisfaire aux commandes, Anisson, à qui elles faisaient réaliser d'immenses bénéfices (1), dut augmenter successivement son matériel, à mesure que l'esprit *législatif* se développa. Nous voyons, dans un acte conservé aux archives nationales, qu'il ajouta aux dix presses existantes dans la galerie du Louvre trente autres presses qu'il établit en face, dans une maison construite à ses frais dans le cul-de-sac Matignon, et quatorze dans un atelier situé rue Mignon, sans parler d'une trentaine d'autres presses succursales dans les imprimeries de Clousier et de Prault, ce qui faisait un total de plus de quatre vingts presses, avec lesquelles il avait encore peine à suffire aux travaux que lui fournissaient toutes les administrations. Aussi en perdit-il plusieurs,

(1) Il se livrait d'ailleurs à d'autres entreprises industrielles qui contribuèrent à l'enrichir : telles que le commerce des grains et celui des propriétés nationales.

qui le quittèrent pour prendre des imprimeurs du commerce.

A partir de ce moment, l'Imprimerie royale, appelée *Imprimerie du Louvre*, dit adieux aux éditions savantes. Elle ne mit plus au jour que des lois, des ordonnances, des décrets, des arrêtés, des proclamations, etc.; mais, nous devons le dire, dans ces impressions même, elle se faisait encore distinguer par la forme, au milieu de la décadence générale qui semblait avoir alors frappé l'art de Gutenberg. Il reste une collection des actes législatifs de la révolution, en 18 volumes in-quarto, sortis de ses presses à cette époque de troubles, qui mérite de fixer l'attention sous ce rapport (1).

(1) Cette collection, qui est aujourd'hui d'un prix fort élevé, a été réimprimée sous l'empire, en huit volumes in-8°, pour être jointe au Bulletin des lois, dont elle forme la première partie; mais dans cette seconde édition on a retiré tout ce qui n'était pas d'un intérêt général. Les derniers volumes de la collection in-4° furent imprimés à l'hôtel de Penthièvre, après la réunion de l'imprimerie du Louvre à celle du Bulletin des lois : elle est intitulée *Collection générale des lois, etc.*, et débute par un arrêt de conseil daté du

Toutefois ce ne fut pas toujours de bonne grâce que l'Imprimerie royale se plia aux exigences révolutionnaires. Ses vieux ouvriers, élevés de père en fils dans les *bâtiments du roi*, et au milieu des artistes et des savants hébergés au Louvre, avaient conservé des sentiments aristocratiques peu en harmonie avec l'esprit du temps, et plus d'une fois ils furent accusés de conspirer contre l'ordre de choses établi. Ils furent même suspectés d'avoir tiré sur le peuple lorsqu'il se porta aux Tuileries, le 10 août 1792, et se virent sur le point d'être massacrés pour cela dans leur établissement, qu'on allait saccager. Le directeur crut devoir écrire à l'Assemblée législative pour justifier ses ouvriers. « L'imputation est d'autant moins » fondée, disait-il, que la disposition des » lieux ne leur a pas permis d'exécuter un

5 juillet 1788, relatif à la convocation des états généraux. Baudouin, imprimeur de l'assemblée nationale, a aussi publié une *Collection complète des lois, etc.*, en une soixantaine de volumes in-8°. Elle commence par une loi du 19 janvier 1791.

» aussi horrible projet, quand ils en auraient » conçu l'idée (1).» L'Assemblée chargea le ministre de prendre les mesures que commandaient les circonstances ; mais les esprits n'en restèrent pas moins fort mal disposés à l'égard de l'Imprimerie *ci-devant royale*, dont le chef lui-même avait été inculpé le mois précédent à l'occasion d'un arrêté inconstitutionnel du département de la Somme, qu'on soupçonnait avoir été imprimé dans cet établissement.

Profitant de ces dispositions malveillantes à l'égard de l'atelier typographique du Louvre, Marat en fit enlever un jour, avec l'autorisation de la commune de Paris, quatre presses et leurs accessoires (casses et caractères), pour servir à l'impression de ses pamphlets révolutionnaires. C'est en vain qu'Anisson écrivit à l'Assemblée pour se plaindre de cet enlèvement (2), qui pouvait compromettre le service dont il était chargé. Les

(1) Décret du 11 août 1792.

(2) 23 août 1792.

presses restèrent aux Cordeliers, où elles avaient été transportées, et ce ne fut certes pas un des contrastes les moins bizarres de cette époque étrange que de voir les *types de Louis XIV* servir à l'impression des brochures les plus démagogiques.

Voici au surplus la lettre qu'écrivit Marat au ministre de l'intérieur à cette occasion :

« Je me flatte, monsieur, que vous n'ar-
» rêterez pas plus longtemps mes travaux
» politiques. Je serais fâché d'avoir à me
» *plaindre au peuple* des défaites opposées à
» l'impression des ouvrages qu'il attend de
» moi sur la Convention nationale et les
» machinations des ennemis de la patrie. Je
» n'ignore pas que vous êtes accusé d'avoir
» monté sept presses aux frères Reignel, im-
» primeurs aristocrates favorisant les pro-
» jets de la cour. M. Danton se chargera des
» 15,000 livres dont j'ai besoin pour mettre
» les *presses nationales* en activité. Recevez
» mes salutations civiles.»

Mais laissons cette affaire, qui nous éloignerait de notre sujet.

Soit véritable patriotisme, soit pour racheter, s'il était possible, une tache originelle, qui pouvait être bien funeste dans de pareils moments, les ouvriers de l'Imprimerie du Louvre, quoique exemptés du service militaire par un décret du 22 août 1792, n'en coururent pas moins des premiers en armes à leur section à la nouvelle de l'invasion des Prussiens. Un nouveau décret du 2 septembre ayant déclaré, tout en les louant de leur zèle, que leur poste, dans les moments d'alarmes était l'établissement public où ils étaient employés, ils vinrent, le 6, « témoi» gner leurs regrets de ne pouvoir voler sur » la frontière au secours de la patrie en dan» ger, déposèrent 1,000 livres pour les frais » de la guerre, et l'Assemblée leur permit » de défiler dans la salle (1). »

Mais le sort en était jeté. Tout ce qui datait de l'ancien régime devait disparaître ou être transformé. Après la mort de son directeur,

(1) Voir les procès-verbaux de l'assemblée aux dates indiquées.

Anisson, guillotiné le 6 floréal an II, et après avoir porté successivement les noms d'*Imprimerie du Louvre*, d'*Imprimerie nationale* et d'*Imprimerie nationale exécutive*, l'Imprimerie royale alla se fondre dans l'Imprimerie de la république, dont nous allons parler.

L'imprimerie en général avait acquis trop d'importance dans les luttes philosophiques du dix-huitième siècle pour que la révolution ne sentît pas la nécessité de s'aider de ce puissant levier. Lors de la réunion des états généraux à Versailles, en 1787, on crut devoir établir dans cette ville une imprimerie « pour donner au public une connaissance et » plus prompte et plus multipliée des im» portants résultats » qu'on attendait de cette assemblée. Cette imprimerie, dont le privilége avait été concédé au sieur Pierres, *premier imprimeur du roi*, fut maintenue plus tard dans l'intérêt de la ville et comme une récompense due au célèbre typographe qui s'était si bien acquitté de son ministère. A son tour l'Assemblée nationale, ayant décidé que ses délibérations seraient rendues publiques par la voie de l'impression, s'adressa à M. Pierres pour ce travail ; mais celui-ci, par reconnaissance envers le roi, de qui il tenait son privilége, refusa de travailler pour le tiers-état en révolte contre la cour, et l'Assemblée passa, le 29 juin 1789, un marché avec le sieur Baudouin, député supplémentaire, et imprimeur à Paris, en vertu duquel ce dernier dut établir à Versailles un atelier typographique spécialement affecté aux travaux de l'Assemblée. Après les fameuses journées d'octobre, l'Assemblée nationale étant venue siéger dans la capitale, avec le gouvernement, Baudouin y rapporta son matériel, et l'installa dans la cour et la maison des Capucins. Cet établissement reçut d'abord le nom d'*Imprimerie de l'Assemblée nationale*, puis d'*Imprimerie nationale*, puis enfin d'*Imprimerie nationale législative*, pour le distinguer de l'atelier du Louvre, son voisin, qui, étant particulièrement chargé de l'impression des actes du gouvernement, reçut alors celui d'*Imprimerie nationale exécutive*.

Mais ces deux établissements, qui, quoique portant le titre de *national*, n'en étaient pas moins, à la rigueur, des propriétés particulières, ne suffirent bientôt plus, ni sous le rapport moral ni sous le rapport matériel, au gouvernement de cette époque. Le régime industriel, qui avait été sans inconvénient pour un modeste atelier de dix presses, comme celui du Louvre, par exemple, où les travaux se faisaient avec ordre et calme, ne pouvait convenir aux impressions révolutionnaires, qui demandaient le jour et la nuit, et pour lesquelles on était souvent obligé de mettre des ouvriers étrangers en réquisition (1), ce qui exigeait un matériel immense pour être proportionné aux besoins.

Déjà, dès les premiers mois de 1790, l'Assemblée avait ordonné « l'inventaire de ce » qui appartenait à la nation dans l'Imprime-

(1) Le 19 août 1792 parut un décret portant : « L'Imprimerie de l'assemblée nationale et l'*Impri-* » *merie ci-devant royale* seront mises jusqu'à nou- » vel ordre en activité jour et nuit, pour suffire aux » nombreuses impressions décrétées et à décréter. »

» rie royale, » avec l'intention de l'organiser différemment. Cet inventaire fut en effet rédigé et remis aux Archives nationales (où il se trouve encore) à la fin de cette année; mais les grandes affaires que le gouvernement avait alors sur les bras, et surtout les engagements pris avec le directeur de l'Imprimerie royale, mirent obstacle à la réalisation du projet de réforme, au moins jusqu'au moment où Anisson devint l'objet de sérieuses poursuites révolutionnaires, ce qui arriva vers la fin de 1793.

Enfin, le 14 frimaire an II (4 décembre 1793), la Convention nationale, inspirée par une de ces grandes et généreuses pensées qui la caractérisent, décréta « que les lois » concernant l'intérêt public ou d'une exécu- » tion générale » seraient imprimées dans une espèce de journal numéroté intitulé : *Bulletin des lois de la République*, et envoyé gratuitement (1) dans toutes les com-

(1) On envoie encore aujourd'hui le *Bulletin des lois* dans toutes les communes de France, mais non pas gratuitement ; on leur fait payer une somme fixe

mûries de France aux autorités constituées et aux fonctionnaires publics (1). En conséquence, elle ordonna, pour ce service, qu'elle mettait au rang des plus importants, la création d'une imprimerie spéciale, régie aux frais de l'état, sous le titre d'*Imprimerie nationale des lois* ou *du Bulletin des lois*.

Mais cela ne suffisait pas encore à la Convention. Poussée par sa rigidité lacédémonienne et par son amour de la centralisation, qui ont laissé tant de traces de son règne, non sur de trompeuses médailles académiques, mais dans les fastes mêmes de la nation, elle fit à la fois, par un seul décret, une belle action et une grande chose. Le

comme abonnement. Il en résulte que les communes pauvres souffrent de cet impôt, qui est insensible pour les autres.

(1) On n'envoyait auparavant qu'un exemplaire des lois au chef-lieu de chaque département, où il était réimprimé pour être ensuite envoyé aux communes. Cette réimpression, souvent inexacte, coûtait des sommes énormes, et apportait un retard considérable dans l'expédition des lois. La création du *Bulletin* nécessita une réforme dans la poste, dont le service fut régularisé.

27 frimaire, elle supprima définitivement (1) l'institution immorale de la loterie, et de ses débris créa la première imprimerie gouvernementale, en ordonnant (art. 35 à 38) que celle qui était affectée à l'établissement monarchique qu'elle venait de détruire, désormais régie au compte de l'état, prendrait le nom d'*Imprimerie des administrations nationales*, et serait chargée des impressions des divers services publics.

Le 6 ventôse (24 février 1794), un nouveau décret de la Convention vint compléter son œuvre. Il contenait un règlement pour l'Imprimerie des administrations nationales, qui devait être montée sur le pied de quarante presses, et aux dépenses de laquelle fut affecté un budget d'un million. Le règlement de la Convention a servi de base à ceux qui régissent encore aujourd'hui l'Imprimerie nationale; il s'étendait à tout le service, fixait les appointements de tous les employés, de-

(1) Elle avait déjà rendu un décret dans ce but le 25 brumaire.

puis ceux du directeur, portés à 8,000 livres, jusqu'à ceux du second portier, qui étaient de 1,200. Les journées des ouvriers compositeurs et imprimeurs étaient fixées à 8 livres pour neuf heures de travail, et celles des autres ouvriers à proportion.

Le décret du 14 frimaire an II, qui ordonnait la création d'une imprimerie spéciale pour le service du *Bulletin des lois de la République*, portait qu'il y aurait une commission de quatre membres pour en suivre les épreuves et pour en expédier l'envoi. Quelques jours après, le 5 nivôse, un nouveau décret nomma membres de cette commission, avec 8,000 livres d'appointements chacun, les citoyens Chaube, Bernard, Dumont et Granville, qui se mirent de suite en mesure de réaliser le vœu de la Convention. Leur premier soin fut de chercher un bâtiment convenable pour recevoir le matériel immense qui leur était nécessaire. On eut un moment l'idée de le placer rue des Billettes, dans le grand et le petit hôtel Montmorency ; on les fit même évacuer pour cela le 19 pluviôse (8 fév. 1794) ; mais on reconnut alors que ce local ne pourrait convenir, et on jeta les yeux sur le vaste hôtel Beaujon, situé dans le haut du faubourg Saint-Honoré, et où on avait un moment songé à installer le ministère des affaires étrangères (1). En conséquence, le 21 ventôse, la Convention rendit un décret qui affectait cette propriété nationale à l'établissement de la *Commission de l'envoi des lois.*

Cependant cette commission s'occupait activement de réaliser le matériel qui lui était nécessaire. Déjà, dès le mois précédent (le 24 pluviôse), elle avait fait rendre un décret qui rapportait les dispositions de celui du 27 frimaire relatives à la vente du matériel affecté à la loterie dans les quatre succursales : Commune-Affranchie (Lyon), Bordeaux, Lille et Nancy. Le nouveau décret ordonnait de distraire du matériel mis en vente toutes les presses d'imprimerie qui s'y trouveraient, pour être transportées à Paris, et mises à la

(1) Voyez deux décrets des 22 et 24 pluviôse.

disposition de la commission, à laquelle fut en outre ouvert au trésor un crédit de 1,500,000 livres, dont :

350,000 pour achat et fonte de caractères,
120,000 pour 120 presses,
400,000 pour divers ustensiles,
200,000 pour frais d'installation,
230,000 pour frais d'administration,

L'article 3 de ce décret mettait d'ailleurs en réquisition, pour le service de la commission du Bulletin des lois, tous les fondeurs de caractères de Paris, à qui furent en conséquence confiées les matrices de l'Imprimerie ci-devant royale.

Enfin, le 7 germinal, le comité de salut public prit un arrêté pour organiser le service dans l'Imprimerie du Bulletin des lois sur les bases du décret du 6 ventôse précédent, relatif à l'Imprimerie des administrations nationales (1).

La commission de l'envoi des lois fut autorisée à établir, dans le local mis à sa dis-

(1) Voir un extrait de ce règlement à la fin du volume.

position, toutes les presses qui pourraient lui être livrées par les fabricants avec lesquels elle avait passé des marchés, et à requérir, tant à Paris que dans les départements, le nombre d'ouvriers compositeurs et imprimeurs qui lui était nécessaire. L'article 4 porte : « Les traités qui auraient été passés » avec le citoyen Anisson, propriétaire de » l'Imprimerie exécutive du Louvre, cesse» ront d'avoir leur effet à compter du jour » où la commission de l'envoi des lois en» trera en activité; mais, à compter dudit » jour, le service de ladite imprimerie ces» sera d'avoir lieu au compte du citoyen » Anisson ; elle sera mise provisoirement en » réquisition par l'Imprimerie du Bulletin » des lois (1), ainsi que tous les ouvriers qui » y sont actuellement occupés. »

L'art. 5 est ainsi conçu : « Jusqu'à ce que » l'acquisition de cette imprimerie par la » nation ait été consommée, et qu'elle puisse

(1) Pendant qu'on préparait l'établissement de Beaujon, on imprimait le Bulletin à l'imprimerie du Louvre.

» être transférée dans les ateliers de la com-
» mission de l'envoi des lois, elle restera
» placée dans les locaux qu'elle occupe ac-
» tuellement; seulement les casses, caractè-
» res et autres ustensiles qui n'y sont pas
» nécessaires seront provisoirement transfé-
» rés dans le local de la commission, qui en
» donnera un reçu au citoyen Anisson ou à
» son fondé de pouvoir..... »

Les termes de cet article réclament une explication. On a vu précédemment qu'Anisson avait été amené à augmenter considérablement son matériel typographique au commencement de la révolution. Plus tard, étant devenu l'objet de poursuites politiques, il crut devoir se tenir caché, et laissa son établissement aux soins de son *factotum*, Dubois-Lavergne. Mais il ne tarda pas à être arrêté, et cela précisément dans le moment où la Convention fondait l'Imprimerie du Bulletin des lois et celle des administrations nationales. Voyant que son imprimerie allait lui devenir inutile, il offrit de la vendre au gouvernement, qui accueillit la proposition.

En conséquence, les deux parties nommèrent des experts pour procéder à l'estimation. L'opération de ces derniers, commencée en pluviôse, fut terminée le 20 ventôse. Elle portait à près de 500,000 livres la valeur du matériel appartenant à Anisson. On se disposait à lui payer ce prix, lorsqu'il fut condamné à mort par le tribunal révolutionnaire, le 6 floréal an II. Cette circonstance empêcha la conclusion du marché; mais le gouvernement, qui était déjà en possession du matériel, le garda, en attendant qu'on se fût entendu avec les héritiers d'Anisson, ce qui eut lieu quelques années après (1).

Conformément aux prescriptions de l'arrêté du comité de salut public du 7 germinal, on ne laissa au Louvre que la typographie scientifique et un modeste atelier, sous la direction de Dubois-Lavergne, et la plus grande partie des presses et des casses fut transportée à l'hôtel Beaujon, où se trouva

(1) Voyez les procès-verbaux des Cinq-Cents (7 frimaire an V, p. 129).

bientôt accumulé un matériel immense, et cependant à peine suffisant au service auquel il était destiné. En effet, le Bulletin était beaucoup plus considérable à cette époque d'organisation qu'il ne le fut depuis ; il se tirait aussi à un bien plus grand nombre d'exemplaires ; et pour pouvoir les fournir en un temps donné, il fallait établir un grand nombre de compositions, attendu qu'on ignorait alors l'usage des mécaniques.

On mit à la tête du service typographique de cet établissement un certain Guignard, employé auparavant à l'imprimerie de la loterie, et qui prit sa retraite peu de temps après. Le premier numéro du Bulletin des lois se composa d'un décret de la Convention, du 22 prairial an II (10 juin 1794), qui réorganisait le tribunal révolutionnaire, et du rapport de Couthon, qui l'avait précédé (1).

A peine l'Imprimerie du Bulletin était-elle

(1) Il y avait encore naguère à l'Imprimerie nationale un compositeur et un imprimeur qui avaient travaillé à ce numéro, quoiqu'il y ait déjà cinquante-cinq ans écoulés depuis cette époque.

installée dans l'hôtel Beaujon, qu'on songea à la transporter ailleurs, soit que le local fût trop restreint, soit qu'il fût trop éloigné du centre de la ville. Dès le mois de floréal il avait été question de l'établir dans l'ancien hôtel de Toulouse, ou de Penthièvre, rue de la Vrillière, où est aujourd'hui la Banque de France. Le transfert, retardé quelque temps par la crainte que ce bâtiment ne fût pas assez vaste, s'opéra dans les premiers jours de 1795, en se combinant avec une réforme générale dans l'établissement. L'imprimerie du Louvre fut réunie à celle du Bulletin des lois, à la tête de laquelle fut mis Dubois-Lavergne, sous la direction de l'agence du Bulletin des lois, réduite à deux membres, Dumont et Chaube. Tous les employés supprimés par suite de la nouvelle organisation furent indemnisés.

Un décret du 8 pluviôse an III (27 janv. 1795) décide que l'atelier de l'hôtel de Penthièvre, qui devait prendre désormais le nom d'*Imprimerie nationale*, serait chargé de l'impression : 1° des lois ; 2° des rapports, adresses et proclamations dont l'envoi aurait été ordonné par la Convention ; 3° des arrêtés pris par les comités pour l'exécution des lois ; 4° des circulaires, états et modèles relatifs à l'exécution des lois ; 5° des éditions originales d'ouvrages d'instruction publique adoptés par la Convention ; 6° et de tous les ouvrages de sciences et d'arts qui seraient imprimés par ordre de la Convention et aux frais de la République.

Le réunion qui venait d'avoir lieu à l'hôtel de Penthièvre en présageait une autre non moins avantageuse à l'état. Le bruit courut alors que l'Imprimerie des administrations nationales allait subir le même sort que celle du Louvre. Les ouvriers de cette imprimerie adressèrent, le 21 ventôse an III, à la Convention, une pétition, dans laquelle ils lui faisaient part de leur crainte. « Notre » établissement, disaient-ils, un des plus » beaux que possède la République (il employait près de 300 personnes), est d'au» tant plus précieux à la nation, qu'il n'a » jamais été onéreux à ses finances. »

Les imprimeurs du commerce eux-mêmes, éprouvantés de ce projet de centralisation, qui allait leur enlever les travaux administratifs dont ils étaient chargés, adressèrent aussi des observations à la Convention le 22 pluviôse.

On ne décida rien alors sur cette affaire. Seulement un nouveau décret du 18 germinal vint changer encore le nom de l'imprimerie du gouvernement, et lui imposer celui d'*Imprimerie de la République*, et un autre décret du 21 prairial vint confirmer celui du 8 pluviôse, et décider que les impressions aux frais de l'état ne pourraient plus être faites par des imprimeurs *étrangers*.

Les imprimeurs de Paris protestèrent de nouveau contre cette décision, demandant l'abolition de tout *privilége*, et repoussant énergiquement la qualification d'étrangers qui leur était donnée dans l'acte émané de la Convention.

Les choses restèrent dans cet état jusqu'à la fin de l'an III ; mais alors l'imprimerie du gouvernement faillit perdre un de ses plus beaux titres. On eut un moment l'idée de fonder une imprimerie scientifique près le comité de l'instruction publique, auquel on doit, il faut l'avouer, presque toutes les institutions libérales que la République nous a léguées, telles que l'école Normale, l'école Polytechnique, le télégraphe, les bibliothèques communales, l'Institut, etc. Un décret du 4 brumaire an IV portait :

Article 1er. « Les poinçons, matrices et » caractères de langues étrangères déposés à » l'Imprimerie de l'agence des lois en seront » distraits pour être exclusivement employés » aux sciences et aux arts. »

Art. 2. « On y joindra des fontes d'italique » et de romain, une fonderie de caractères » et huit presses avec leurs accessoires. »

Mais alors la Convention touchait au terme de son mandat, et il ne paraît pas que son décret ait reçu même un commencement d'exécution. Loin de se voir enlever ce qu'elle possédait, l'Imprimerie du gouvernement reçut, au contraire, à cette époque un grand accroissement qui mit le sceau à son organisation. Un des premiers actes du Directoire fut de supprimer l'Imprimerie des administration nationales, qui seule conservait encore un caractère officiel.

Voici les termes de ce décret, qui n'a jamais été imprimé nulle part :

« Art. 1er. Les ateliers de l'Imprimerie de » la République resteront, jusqu'à ce qu'il en » ait été autrement ordonné, à la maison » Penthièvre.

» Art. 2. L'Imprimerie des administra- » tions nationales est réunie à l'Imprimerie » de la République.

» Art. 3. Tout ce qui, dans l'Imprimerie » actuelle des administrations nationales, se » trouvera excéder ce qu'il est nécessaire d'en » distraire pour l'Imprimerie de la Répu- » blique sera vendu à la diligence du mi- » nistre des finances, selon le mode et à » l'époque qui seront déterminés par le Di- » rectoire exécutif. ».

Un autre décret du 11 pluviôse an v porte même : « Il sera libre aux imprimeurs fran- » çais de se pourvoir à l'Imprimerie de la

» République des fontes de caractères de lan-
» gues grecque et orientales dont les poin-
» çons y sont déposés, à la charge par eux
» de payer le prix des objets qui leur seront
» délivrés. »

Ainsi, à partir de ce moment, l'Imprimerie de la République régna sans partage. Toutefois Baudouin continua à imprimer les procès-verbaux des assemblées législalives, et conserva même à son établissement le nom de *national* jusqu'à l'époque de Napoléon, qui le lui retira, comme sentant trop la République.

IV

Historique de l'Imprimerie du gouvernement sous la république, l'empire, la restauration et le gouvernement de Louis-Philippe.

Nous sommes entrés précédemment dans de grands détails, parce que nous tenions à bien constater l'origine révolutionnaire de l'établissement connu aujourd'hui sous le nom d'*Imprimerie nationale*. Il fallait montrer que c'était à la République qu'était due son organisation, et non pas à Napoléon, à qui on en a fait honneur. Maintenant nous allons marcher d'un pas plus rapide.

En venant à l'hôtel de Penthièvre, avec l'Imprimerie du Louvre, Dubois-Lavergne reçut le titre de directeur de l'*Imprimerie nationale*. Cette Imprimerie possédait déjà, comme nous avons vu, quelques caractères exotiques. Pendant les premières années de la révolution, elle s'était enrichie de types allemands, nécessaires pour l'impression du Bulletin des lois, qui était envoyé dans une partie de l'Allemagne; mais tout cela était fort peu de chose auprès de ce qu'elle acquit depuis, surtout en caractères orientaux. On eût dit qu'un pressentiment du rôle que la France allait jouer en Orient guidait Dubois-Lavergne. Il fit faire des fontes des caractères existants, en fit graver quelques autres, tels que du samaritain, du tartare mantchou; se fit donner par Bodoin, de Parme, du palmyrien, du phénicien; fit graver du russe, du polonais, etc. Ce fut d'après les instructions qu'il envoya à Rome que la magnifique et précieuse collection de caractères exotiques de la compagnie de la *Propagande* fut conservée et réunie à celle que possédait déjà l'Imprimerie de la République. Cet établissement s'enrichit alors de russe, de malabar, de brame, d'abyssin, de géorgien, d'illyrien, de thibétain, de copte, d'hibérien, de chaldéen, de strangolo, d'étrusque, de braham, de bamane, d'irlandais, d'indien, etc. C'est ainsi que la France savait faire tourner la guerre au profit de la science et de l'art! Qui ne connaît la célèbre proclamation arabe adressée par le Directoire à tous les peuples de l'Orient, pour leur annoncer la révolution française et en justifier les actes et le but?

Lors de l'expédition de Bonaparte en Égypte, Dubois-Laverne reçut l'ordre du gouvernement de former une imprimerie française, grecque et arabe, qui devait en faire partie. On ne lui donna que quelques jours, mais son activité suppléa au défaut de temps, et les caractères arabes de la République allèrent servir utilement la politique, l'administration et les lettres dans les contrées qui en avaient fourni les modèles.

Par un retour de fortune assez étrange, ce fut le directeur de la petite imprimerie d'Égypte, M. Marcel, qui remplaça Dubois-

Lavergne, en 1801, après que celui-ci se fut suicidé pour un motif étranger à notre sujet. C'est lui qui fit retirer de la Bibliothèque nationale les caractères chinois qui y étaient déposés depuis un siècle, n'ayant servi qu'une fois pour la grammaire chinoise de M. de Fourmont. Voici à quelle occasion ce retrait fut opéré.

Le gouvernement, jaloux de publier un dictionnaire chinois, avait fait venir de Londres un étranger qui, après quatre ans de séjour à Paris, se retira sans avoir même commencé son travail. Toutefois, le 16 germinal an XI, le ministre de l'intérieur écrivit à M. Marcel : « Je vous préviens, citoyen, » que j'ai accédé à la demande des citoyens » Treuttel et Würtz, tendant à faire impri- » mer à leurs frais, à l'Imprimerie de la Ré- » publique, une grammaire chinoise et fran- » çaise que M. Hager se propose de publier... » Vous voudrez bien vous concerter avec les » conservateurs de la Bibliothèque nationale » pour retirer de leurs mains les caractères » chinois qui y sont déposés. » Le 1er prairial, Marcel remettait aux conservateurs de la Bibliothèque une décharge portant qu'il avait reçu 86,417 caractères chinois gravés en bois, contenus dans 236 tiroirs.

Le projet de M. Hager n'eut pas de suite. Ce ne fut que longtemps après que M. de Guignes fils, à son retour de Pékin, où il était resté dix-sept ans, publia une grammaire chinoise. Ce livre est un de ceux qui, avec le grand ouvrage de l'expédition d'Égypte, fit le plus d'honneur à l'Imprimerie du gouvernement, devenue *impériale* en 1804, par suite de la révolution qui s'était opérée dans la forme du gouvernement.

Le 31 janvier 1805, le pape Pie VII, venu à Paris pour sacrer le nouvel empereur, étant allé visiter cette imprimerie (honneur que lui ont fait les plus illustres personnages), fut agréablement surpris de voir imprimer sur chaque presse le *Pater* dans une langue différente, dont on lui remettait un exemplaire. Il y en eut de la sorte jusqu'à cent cinquante éditions, dont on fit un volume qu'il put emporter tout relié dans sa voiture en quittant l'établissement. Ce volume, dont il existe encore quelques exemplaires, est divisé en trois parties comprenant toutes les langues du monde, c'est-à-dire de l'Asie, de l'Europe et de l'Afrique. Quant à l'Amérique, on sait qu'elle est toute européenne.

En 1808, Napoléon ordonna la translation de l'Imprimerie du gouvernement dans les bâtiments qu'elle occupe aujourd'hui, rue Vieille-du-Temple. En 1809, il fit un décret qui en modifiait l'organisation ancienne, et chargeait un inspecteur, pris parmi les auditeurs au conseil d'état, de surveiller, sous l'autorité du grand-juge ministre de la justice, l'administration et la police de cet établissement, qui fut affecté spécialement et exclusivement à l'impression de tous les travaux administratifs. En conséquence, toutes les petites imprimeries attachées encore aux diverses administrations furent supprimées et réunies à l'Imprimerie impériale. Les fonctions d'inspecteur furent confiées à M. Anisson, fils de l'ancien directeur de l'Imprimerie du Louvre, qui eut ainsi sous lui le directeur Marcel.

Il fut frappé, à l'occasion de cette nouvelle organisation de l'Imprimerie du gouvernement, une médaille qui porte cette inscription :

A
FRANCISCO I
CONDITAM MDXXXIX
LVDOVICVS XIII
IN ÆDIBVS REGIIS COLLOCAVIT
LVDOVICVS XIV
SVMPTIBVS REGIIS INSTRVXIT
TANDEM NAPOLEO
NOVIS INCREMENTIS AVCTAM
PVBLICÆ ET LITTERARVM VTILITATI
DESTINAVIT.

Le plus grand défaut de cette inscription n'est pas d'avoir attribué à François Ier la création d'un établissement fondé en réalité par Louis XIII, mais bien de faire honneur à Napoléon seul d'une organisation due, comme on a pu le voir, au gouvernement révolutionnaire, dont, suivant les habitudes des flatteurs de l'empire, on ne dit pas un mot. Sans doute Napoléon accrut considérablement l'Imprimerie de la République; mais lorsqu'il parvint au gouvernement cette imprimerie était depuis longtemps destinée aux œuvres littéraires et aux travaux d'utilité publique. A chacun suivant ses œuvres: pourquoi n'avoir pas mentionné la réforme si complète opérée par la Convention?

En 1811 parut un décret qui réglait le service intérieur de l'Imprimerie impériale. Il était suivi d'un tarif des prix de tous les ouvrages faits pour le compte de l'état. La même année l'empereur régla par un autre décret la distribution du Bulletin des lois, qui s'imprimait alors en plusieurs langues.

L'Imprimerie impériale, dont les attributions avaient grandi avec la conquête, prit bientôt un développement immense. En 1813 son budget fut porté à 4 millions; mais, Napoléon étant tombé, cette prospérité décrut rapidement.

A l'époque de l'invasion elle eut à souffrir l'ignorante dilapidation des étrangers, qui, sous prétexte de reprendre ce qui leur appartenait, et dont ils ne savaient pas même faire usage, commirent là comme partout de véritables actes de vandalisme. Toutefois, grâce à d'innocentès ruses, ces savants improvisés, si différents des pourvoyeurs intelligents qui suivaient jadis nos armées victorieuses, n'emportèrent guère que ce dont on pouvait se passer à la rigueur.

Mais l'avenir de cet établissement fut bien autrement compromis par un acte du gouvernement lui-même. Le 28 décembre 1814, Louis XVIII rendit une ordonnance qui changeait totalement le mode d'administration de l'Imprimerie du gouvernement. Le premier article de cette ordonnance porte : « A » dater du 1er janvier 1815, l'Imprimerie » *royale* cessera d'être régie aux frais de l'é- » tat. Elle sera rétablie sous la conduite et » au *compte* d'un directeur garde des poin- » çons, matrices, etc. » En conséquence, M. Anisson, inspecteur de l'Imprimerie impériale, fut nommé directeur de cette imprimerie devenue *royale*, dont M. Marcel fut évincé.

L'ordonnance de Louis XVIII souleva de

nombreuses réclamations. Il n'entre pas dans notre plan de les discuter. Le rôle de critique nous conduirait trop loin, et nous préférons celui de simple narrateur. Toutefois, nous devons dire que la restauration se trompa lourdement dans son désir de retourner à l'ancien régime. Elle voulait, dit-on, indemniser la famille Anisson de la perte de son imprimerie, dont s'était emparé le gouvernement révolutionnaire ; mais elle aurait dû savoir que cette famille avait reçu près d'un demi-million d'indemnité, et que d'ailleurs il n'y avait nul rapport entre l'atelier du Louvre et l'Imprimerie du gouvernement, qui possédait 200 presses et un matériel immense. Sous un autre point de vue, l'ordonnance de Louis XVIII n'était pas moins blâmable : elle livrait à la merci d'un entrepreneur les intérêts d'un nombre considérable d'individus, qui s'étaient mis au service de l'état et non d'un simple particulier. M. Anisson n'abusa pas sans doute de la position exceptionnelle qu'on lui avait faite, mais il aurait pu en abuser.

Au retour de Napoléon les choses changèrent de face : M. Marcel chercha à reprendre sa place, et disputa à M. Anisson l'impression des nouveaux décrets ; mais il ne fut rétabli qu'après leur publication. Au surplus, il y resta peu ; car, après les cent jours, M. Anisson, qui s'était alors démis de toutes ses fonctions publiques, fut installé de nouveau aux mêmes conditions que précédemment. En 1820, cependant, les avantages de cette concession parurent si considérables, qu'on crut devoir les diminuer. Une ordonnance royale retira à M. Anisson le privilége exclusif des impressions au compte de l'état, lui fit défense d'imprimer pour les particuliers sans une autorisation spéciale, lui imposa l'obligation de tenir des écritures authentiques, de fournir gratuitement sept mille exemplaires du *Bulletin des lois*, d'imprimer gratuitement, sur les autorisations du roi, jusqu'à concurrence de 40,000 fr., etc.

Enfin, le 23 juillet 1823, parut une autre ordonnance qui rétablissait le régime de 1809, c'est-à-dire la régie simple au compte de l'état. En conséquence, M. de Villebois fut nommé inspecteur, et M. Michaud directeur de l'Imprimerie royale. Mais, un an après, ce mode d'administration fut encore modifié : l'inspecteur et le directeur furent remplacés par un seul fonctionnaire, qui prit le nom d'*administrateur*. M. de Villebois fut pourvu de cette charge et la conserva jusqu'aux journées de juillet 1830.

A cette époque les travaux furent suspendus à l'Imprimerie royale. L'administration disparut, laissant cet immense atelier à la garde de quelques ouvriers et employés subalternes, qui, grâce à leur présence d'esprit, parvinrent à le préserver d'une ruine imminente.

Il existait depuis longtemps un préjugé injuste contre l'Imprimerie du gouvernement parmi les ouvriers imprimeurs de la capitale, qui lui attribuaient en partie les chômages dont ils étaient victimes. Ce préjugé était entretenu par les maîtres imprimeurs, qui convoitaient cette riche proie, et qui, jouissant eux-mêmes d'un privilége exorbitant, criaient à bas le privilége, désireux de se partager les profits de celui-ci. Je dis que ce préjugé était injuste; en effet, qu'importe aux ouvriers imprimeurs que les impressions du gouvernement soient faites dans un atelier spécial, ou chez messieurs tels et tels? la besogne n'en est pas moins faite par des ouvriers. Si demain on détruisait l'Imprimerie nationale, ses nombreux ouvriers ne viendraient-ils pas faire leur part de la besogne dans les maisons particulières? Il importe, au contraire, beaucoup au gouvernement que ses travaux soient exécutés dans un établissement qui dépend de lui, et dont il peut proportionner le matériel aux besoins du service; c'est ce qu'avait parfaitement compris la Convention, et que comprendront tous ceux qui étudieront la question avant de prendre parti.

Quoi qu'il en soit, les ouvriers imprimeurs se portèrent sur l'Imprimerie *royale* pour la détruire; mais, grâce aux sages observations des gardiens, le mal fut moins considérable qu'on eût pu le craindre. Les machines furent brisées, il est vrai ; mais tout le dégât s'arrêta là. Pour éviter de nouveaux malheurs, le gouvernement provisoire, qui n'était pas lui-même bien convaincu de l'utilité d'une imprimerie gouvernementale, mais qui, grâce aux justes représentations de Béranger, voulait bien conserver cet établissement, lui en offrit à lui-même la direction.

Plus sage que ses amis devenus ministres, notre immortel chansonnier répondit à toutes leurs offres par ce refrain devenu si populaire :

Non, mes amis, non, je ne veux rien être,
Semez ailleurs places, titres et croix...

Néanmoins il contribua puissamment à conserver dans son intégrité cet établissement qu'on voulait démembrer, et fit mettre à sa tête M. Duverger, précédemment attaché à l'un des services de l'Imprimerie royale, alors appelée avec raison Imprimerie du gouvernement (1). M. Duverger fut installé avec le

(1) Par suite des changements de gouvernement qui

titre de commissaire du gouvernement provisoire, et resta près d'un an à ce poste. Sa qualité de maître imprimeur paraissant incompatible avec celle de directeur de l'Imprimerie royale, il fut remplacé au bout de ce temps par un ami de Béranger, M. Lebrun, qui reçut d'abord le titre d'administrateur, puis de directeur.

En 1841, l'Imprimerie royale s'accrut d'une lithographie, qui, placée sous la direction d'un jeune homme plein d'intelligence, s'est déjà signalée par des travaux remarquables (1). Je citerai, entre autres, le coloriage de la carte géologique de France, de MM. Élie de Beaumont et Dufresnoy, qui a été exécuté

ont eu lieu depuis soixante ans, cette imprimerie a changé, à ma connaissance, seize fois de nom : Imprimerie royale; — du Louvre ; — nationale; — exécutive ; — du Bulletin des lois; — des lois ; — nationale; — de l'agence des lois; — de la république; — impériale ; — royale ; — impériale ; — royale ; — du gouvernement ; — royale ; — nationale. Il serait temps de donner aux choses leur nom véritable.

(1) Une ordonnance royale, de la Restauration, avait déjà décidé en principe cette adjonction ; mais elle n'avait pas encore été réalisée.

avec un grand bonheur, et a valu à M. Derenémesnil les éloges de l'Académie des sciences.

On a joint plus récemment à cet établissement une taille-douce, ce qui ne laisse plus rien à désirer sous le rapport de l'*imprimerie*, dont toutes les branches se trouvent ainsi réunies.

L'année 1842 a été marquée à l'Imprimerie royale par l'introduction de l'éclairage au gaz, appliqué d'abord aux galeries de presses, puis à celles de la composition, et enfin à tous les autres ateliers. Si ce mode d'éclairage, comparé à l'ancien, n'est pas toujours favorable à la vue, on peut dire cependant qu'en somme, il lui est bien préférable, même avec ses inconvénients. En effet, rien n'était plus désagréable et plus malpropre que l'éclairage à l'huile, qui lui-même avait déjà remplacé avantageusement la chandelle, le mode primitif et vraiment barbare d'éclairage. Malheureusement l'adoption du gaz n'a eu lieu qu'après de nombreux et fort coûteux essais faits en pure perte, puisqu'on a été forcé de s'adresser aux compagnies chargées de l'éclairage de la capitale.

En même temps que ces améliorations matérielles avaient lieu dans l'Imprimerie royale, on en préparait d'autres d'un caractère différent. Vers la fin de l'année 1842, M. Lebrun, le directeur, ayant obtenu de David d'Angers la cession du plâtre qui avait servi de modèle à la statue de Gutenberg inaugurée à Strasbourg en 1840, fit disposer un local pour la recevoir. Ce modèle fut découvert le 1er janvier 1843, malheureusement sans aucune cérémonie.

Cette statue, dont on peut voir le dessin en tête de ce livre, a été placée à l'une des extrémités d'une longue galerie qui a environ quatre-vingts pas de long sur dix de large, et quatorze pieds de haut. Gutenberg est debout, grave et pensif. Il tient à la main une épreuve sur laquelle on lit ces paroles de la Bible : *Et la lumière fut.* On le voit parfaitement de l'autre extrémité de la galerie, en se mettant en face du long et large passage réservé entre deux rangs de presses en fer qui remplissent toute la pièce. Mais pour en pouvoir mieux saisir l'ensemble et les détails, il faut se placer à la distance d'une quinzaine de pas dans l'espèce de carrefour d'où l'on aperçoit toute la galerie de presses dite jadis *atelier du roi*. De ce lieu la noble figure de Gutenberg, sa longue barbe, son costume ample et sérieux, les instruments typographiques groupés à ses pieds (et dont, par parenthèse quelques-uns laissent bien à désirer sous le rapport de l'exactitude historique), tout cela est d'un bon effet ; au milieu du mouvement des ateliers, on dirait un vieux chef qui préside aux travaux. Toutefois, le piédestal n'est pas assez élevé : cela tient au peu de hauteur du toit. Peut-être aurait-il été convenable de donner à celle-ci deux ou trois pieds de plus dans cette partie du bâtiment. On aurait alors fait disparaître quelques potences qui donnent un peu trop à ce dernier l'apparence d'une grange. Cela n'aurait pas coûté beaucoup plus cher que les travaux qu'on a faits pour éclairer la figure de Gutenberg, qui n'en ressemble pas moins un peu à une cariatide.

Ne pouvant placer les bas-reliefs dans le piédestal, vu son peu de hauteur, on les a incrustés dans les murs, à environ sept ou huit pieds d'élévation. Ils servent ainsi de décoration à l'espèce de salon réservé à Guttenberg. Ils font très-bien ainsi ; mais ils feraient mieux encore si on se déterminait à les couvrir d'une teinte qui en rendît les détails plus saisissables à l'œil, car aujourd'hui la couleur blanche et uniforme du plâtre y cause un peu de confusion.

Voici, au reste, la description de ces bas-reliefs :

L'Europe. — Au milieu, la presse sur un piédestal. Descartes s'y appuie dans une attitude méditative. A gauche du spectateur se groupent Shakspeare, Corneille, Molière, Racine, puis Voltaire, Albert Durer, le Poussin, Caldéron, Camoëns, le Puget, Milton, Cervantes, le Tasse, Cimarosa. A droite, Luther, Érasme, Rousseau, Lessing, Leibnitz, Kant, Copernic, Goëthe, Schiller, Volta, Galilée,

Raphaël, Jermat, Hegel, Jean-Paul Richter, Newton, Klopstock, Spinosa, Papin, Watt, Ambroise Paré. Sur un gradin, au bas de la presse, groupe d'enfants de toutes nations, symbole des générations futures, étudiant dans les livres.

L'Asie. — La presse au milieu. William Jones, Anquetil-Duperron et d'autres Européens distribuent des livres aux brahmanes, parmi lesquels se trouve Rah-Maoun-Roy, et reçoivent d'eux des manuscrits. Près d'Anquetil-Duperron, Mahomet II a déposé son turban, et lit le *Moniteur*. Un empereur chinois tenant le livre de Confucius. Persans, Turcs, Indiens. A droite, jeunes Européens instruisant des enfants indiens. Groupes de femmes et d'enfants. Une divinité indienne sur un piédestal, au cou de laquelle est attachée une corde que tirent des hommes asiatiques s'efforçant de renverser l'idole.

L'Afrique. — La presse au milieu. Des Européens, appuyés sur elle, brisent les fers des Africains. Wilberforce presse sur son cœur un nègre délivré de ses fers. Clarkson délie des esclaves. Jeunes gens instruisant des petits noirs. Européens distribuant des livres. Groupe de femmes élevant leurs enfants au ciel, qui ne doit plus éclairer que des hommes libres.

L'Amérique. — La presse au milieu. Franklin vient de tirer l'acte d'indépendance. Près de lui Washington. Lafayette pressant sur son cœur l'épée que lui donna l'Amérique. Jefferson, Adams, et autres célèbres Américains. A droite, Bolivar relevant un sauvage, et lui indiquant sa place au milieu des autres hommes. Groupes de sauvages, femmes et enfants.

Voici en quels termes j'annonçais dans *l'Artiste* (25 déc. 1842) l'érection de ce plâtre précieux : « Paris va aussi avoir sa fête typographique, et quoique moins fastueuse et moins brillante que celle de Strasbourg, elle ne manquera pourtant pas de solennité. Ici du moins, c'est devant un peuple d'ouvriers imprimeurs que la statue de Gutenberg sera inaugurée ; c'est dans le plus magnifique atelier typographique du monde, dans un établissement qui non-seulement conserve les traditions de l'art, mais encore fait usage de caractères gravés il y a plus de trois cents ans, par ordre de François Ier. Nulle part la statue de Gutenberg ne saurait être mieux placée. En effet, s'il est permis de douter que ce célèbre typographe ait réalisé sa découverte à Strasbourg, il est incontestable que tous les imprimeurs sont enfants de l'inventeur, quel qu'il soit, de cet *art divin*, qui a pour jamais fixé la civilisation, et assuré son triomphe sur la barbarie. D'ailleurs, au point de vue philosophique, Gutenberg n'est ni Allemand ni Français : c'est un bienfaiteur de l'humanité, et à ce titre il appartient à toute la terre. La France, l'Europe, périrait aujourd'hui dans un épouvantable cataclysme, que la civilisation éplorée n'en continuerait pas moins sa marche ascensionnelle, grâce au procédé admirable qui a fait de la science de chacun le patrimoine de tous. Ce n'est pas en vain, sans doute, que la Providence a voulu que la vie de Gutenberg fût voilée d'épaisses ténèbres au milieu desquelles il apparaît seulement comme un symbole.

« Au reste, fût-on certain que Gutenberg a exercé pour la première fois sa profession à Strasbourg, ce ne serait pas une raison pour qu'on se crût plus là qu'ailleurs le droit de lui ériger une statue. Ce n'est pas seulement parce que Jacquart est né à Lyon qu'il était juste d'y consacrer sa mémoire par le bronze, c'est aussi et surtout parce que des milliers de familles y vivent aujourd'hui du métier qu'il y a inventé, et de la profession qu'il y a exercée longtemps. Il est sans doute glorieux pour une ville d'avoir donné le jour à un homme de génie, ou même de l'avoir reçu dans ses murs ; mais cet honneur tout passif est bien peu de chose si aucune autre circonstance ne vient donner du prix au hasard. Or Strasbourg n'est pas plus illustre que vingt autres villes dans les annales de la typographie. On peut donc dire avec raison que le lieu qui convient le mieux à la statue de Gutenberg, c'est Paris, le centre lumineux du monde, et, dans Paris, l'Imprimerie royale, le plus vaste et le plus riche établissement auquel son art ait donné naissance. Là ce demi-dieu sera dans son véritable temple, dans un temple digne de lui, et son image y rappellera sans cesse le côté divin de la profession aux ouvriers, trop naturellement enclins à n'en voir que le côté matériel. »

La science a eu aussi son temps comme l'art et l'histoire. Entre autres caractères exotiques dont l'Imprimerie nationale s'est enrichie vers cette époque, nous devons mentionner un système complet d'hiéroglyphes mobiles, le prémier qui ait été gravé : des essais en parurent dans *le Journal des Savants* du mois d'août 1843 ; du himyarite, gravé en 1844 ; du persépolitain, en 1846, et destiné au grand ouvrage sur les ruines de Ninive.

C'est au milieu de ces préoccupations scientifiques que l'Imprimerie ci-devant royale a été surprise par la révolution de 1848. Pour un moment elle a dû dire adieu à la science. D'autres besoins la réclamaient. Elle s'est mise à publier les actes du gouvernement provisoire, auxquels ses types bien connus donnent un cachet d'authenticité.

Parmi les artistes attachés à l'Imprimerie du gouvernement depuis l'époque de la révolution, nous ne devons pas oublier de mentionner Firmin Didot, qui grava une série de caractères vers 1811 ; Jacquemin, qui en fit autant vers 1818, et Marcellin Legrand vers 1835. Les caractères de ce dernier sont seuls en usage depuis 1836. Ces trois séries de caractères ont porté à six le nombre des séries complètes que possède l'Imprimerie nationale, non compris une collection de gros caractères d'affiches gravés à Londres en 1818, par les soins de M. Anisson. La révolution de 1848 a aussi forcé l'Imprimerie nationale à acquérir quelques caractères d'affiches et des initiales *étroites* gravées par Laurent et de Bernis.

V

État actuel de l'Imprimerie nationale.

On a pu voir que depuis son organisation en 1794, l'Imprimerie du gouvernement avait tendu sans cesse, sauf une légère intermittence de six ou sept ans, sous la restauration, à accaparer toutes les impressions faites au compte de l'état. Aujourd'hui, elle est à peu près arrivée à ce résultat, un peu industriel en apparence, qui a soulevé contre elle bien de vaines et injustes récriminations maintenant apaisées (1). Aussi peut-on dire

(1) Dans les premiers jours qui suivirent la révolu-

que le côté scientifique et artistique n'y brille plus, relativement du moins, du même éclat qu'autrefois. Cependant la science ni l'art n'y sont pas négligés. Depuis 1823, époque où cet établissement fut remis sous la main du gouvernement, il a vu s'accroître chaque jour la série de ses caractères étrangers. Il en possède aujourd'hui trente-quatre différents, à l'aide desquels on peut reproduire à peu près toutes les langues du monde connues, depuis le chinois aux cinquante mille signes ou groupes, jusqu'au russe, idiome moderne, qui n'a pas moins de quarante lettres. Je ne parle pas ici des caractères de langues d'origine latine, l'Imprimerie nationale en a plusieurs séries complètes; je ne compte pas non plus les divers *corps* d'un même caractère : il en est quelques-uns qui se trouvent en quatre ou cinq forces différentes. J'ajouterai que c'est dans cet établissement vraiment unique au

tion de février, quelques ouvriers des imprimeries du commerce eurent le projet de venir, comme en 1830, briser les presses de l'Imprimerie nationale; mais ce projet ne reçut pas d'exécution, grâce au progrès des idées.

monde que s'impriment les *Mémoires de l'Académie*, le *Journal des savants*, et enfin la plupart des ouvrages scientifiques et historiques publiés par ordre du gouvernement. Voilà pour la science.

Quant à l'art typographique, il a été porté dernièrement à son plus haut point de perfection dans l'ouvrage connu sous le nom de *collection orientale*. L'impression de cet ouvrage, ordonnée sous la restauration, n'a été cependant commencée que depuis la révolution de juillet. Chenavard fut longtemps chargé d'en dessiner les arabesques. Il est impossible de pousser plus loin l'art d'imprimer. Malheureusement le but qu'on s'est proposé n'a été atteint qu'à moitié; car, comme l'a dit un savant bien compétent dans la question, ce livre est trop spécial, trop purement scientifique pour être acheté par les gens riches, et trop cher pour pouvoir entrer dans la bibliothèque d'un orientaliste. Il n'a donc que le mérite d'être le chef-d'œuvre de la typographie au dix-neuvième siècle, chef-d'œuvre qui laisse bien loin derrière lui tout ce que les plus célèbres imprimeurs des temps passés ont produit de plus beau ou de plus réputé. Mais pour arriver à ce résultat il n'était pas nécessaire d'entreprendre une série indéfinie de volumes ; un seul suffisait, auquel on n'eût rien épargné. L'idée qu'on a eue là est d'autant plus fâcheuse, qu'outre les sommes énormes et en pure perte qu'elle a coûtées à l'état, elle ne l'a doté que de livres incomplets ; car, par suite de certains malentendus, aucun des ouvrages commencés n'a été achevé.

Aujourd'hui l'Imprimerie nationale est administrée par un directeur, qui reçoit 15,000 francs de traitement, et plusieurs chefs de services, qui reçoivent chacun de 4 à 6,000 francs, sans compter le logement et les fournitures personnelles y afférentes. Ce sont :

1° Le chef du service typographique ;
2° Le chef du service de la fonderie ;
3° Le chef du service du Bulletin des lois;
4° Le chef du service du matériel ;
5° Le chef du service de l'intérieur ;

6° Le chef du service de la comptabilité ;

7° Le caissier ;

8° Le contrôleur.

A chacune de ces sections est affecté un bureau composé d'un plus ou moins grand nombre d'employés.

Le service de la typographie étant le plus important, celui auquel s'attache le plus d'intérêt, mérite une mention particulière. Nous y reviendrons plus loin.

Le service de la fonderie se compose uniquement d'un atelier de fonderie de caractères qui ne fonctionne que pour la maison. Il est dirigé par un chef qui a au-dessous de lui un sous-prote ou contre-maître, et qui cumule en ce moment l'emploi d'inspecteur pour la partie d'art; c'est-à-dire qu'il reçoit et contrôle tout ce qui, dans l'impression des livres (le *labeur* proprement dit) demande du goût. Le chef de la fonderie est de plus garde des poinçons et bibliothécaire.

Le service du Bulletin des lois comprend tout ce qui se rapporte à la publication et à la distribution du Bulletin des lois ; il embrasse en outre tous les ateliers autres que la fonderie et l'imprimerie, tels que brochage, reliure, dépôt d'imprimés des administrations, etc.

Le service du matériel est bien moins un service qu'un bureau. Son chef fournit un cautionnement. Il prend en compte tout le matériel de l'établissement, et en répond aux inventaires qui ont lieu tous les cinq ans.

Le service de l'intérieur est, comme celui du matériel, un simple bureau administratif dont je n'ai rien à dire ici, non plus que de l'administration financière, qui est fort compliquée. (Je comprends dans ce dernier la comptabilité, la caisse et le contrôle.)

Je reviens donc au service typographique.

Ce service comprend plusieurs genres d'ateliers, l'imprimerie proprement dite, la lithographie et la taille-douce.

La lithographie et la taille-douce réunies sont dirigées par un contre-maître placé, nominalement du moins, au-dessous du chef du bureau de la typographie.

Quant à la typographie, elle est partagée

en deux divisions. A la tête de chacune d'elles se trouve un prote et un sous-prote. La seconde division renferme de plus une section connue sous le nom de *chambre orientale* ou *arabe*, parce que c'est là qu'on compose les caractères exotiques, et le plus ordinairement de l'arabe. Cette section est dirigée par un sous-prote.

Les presses sont aussi divisées en deux sections qui ont chacune un sous-prote, et un contre-maître pour les deux. Il y a encore un contre-maître dans le petit atelier particulier affecté au tirage de la collection orientale, et un autre contre-maître aux machines.

A ce personnel, pour ainsi dire matériel, il faut joindre le personnel intellectuel, qui se compose de huit ou dix correcteurs de différentes classes; de M. Lagrange, attaché à l'Imprimerie nationale comme professeur et correcteur pour les langues orientales, et de M. Burnouf, surveillant de la gravure des caractères exotiques, et auteur d'une *Notice sur les types étrangers du spécimen de l'Imprimerie royale.*

Voilà pour le personnel. Passons maintenant au matériel. Disons d'abord un mot du bâtiment occupé par l'Imprimerie nationale. Il mérite de fixer un moment l'attention. C'est l'ancien Palais-Cardinal, dépendant de l'hôtel de Soubise, auquel il est attenant, et où sont placées les archives nationales. Ce palais, bâti en 1712, par Armand Gaston, cardinal de Rohan, conserve encore dans quelques parties, malgré les modifications qu'on a dû lui faire subir pour l'approprier à sa nouvelle destination, un caractère de grandeur vraiment remarquable. Je citerai entre autres les vastes appartements du premier étage, où se trouve le cabinet du directeur, celui des poinçons, la bibliothèque et la salle des délibérations du conseil d'administration.

A l'extérieur, ce bâtiment ne se distingue guère d'une maison bourgeoise que par la vaste cour qui le précède, et les portes monumentales qui en ferment l'accès; mais la façade qui est tournée du côté du jardin est d'un style grandiose; elle se compose de colonnes superposées qui sont d'un charmant effet, et se liaient parfaitement avec la façade de l'hôtel Soubise, avant qu'on eût isolé les deux monuments. Il existe encore, dans une petite cour intérieure et au-dessus de la porte d'un bâtiment qui servait autrefois d'écurie, un grand bas-relief représentant un sujet équestre que les révolutions ont épargné sans doute à cause de sa beauté.

La seule entrée de l'Imprimerie nationale est rue Vieille-du-Temple, n° 89. Après avoir passé le seuil de la porte, on se trouve dans une cour carrée entourée de bâtiments. A droite, au premier et au second, sont les appartements du directeur ; au rez-de-chaussée, le bureau du service intérieur. En face, au rez-de-chaussée, commencent les ateliers d'imprimeurs; au premier se trouve le cabinet du directeur, la salle des poinçons, la bibliothèque, etc. Les étages supérieurs servent de logements et de bureaux. A gauche, au rez-de-chaussée, est la réserve typographique, dont nous reparlerons ; au premier, les bureaux de la typographie et un atelier de composition; au second, le bureau du service des ateliers accessoires et du brochage.

En passant à gauche sous une voûte, on arrive dans une cour fort longue, qui servait autrefois de passage pour aller de la rue Barbette à la rue de Braque, et dans laquelle on parvenait, du côté de la première de ces rues, par une porte dont on voit encore les traces. Cette cour est bordée de chaque côté de bâtiments formant galerie, qui se prolongent fort loin. Celui de droite faisait suite à la façade de l'hôtel Soubise; mais on l'en a séparé depuis longtemps, dans la crainte que, s'il arrivait un incendie, le feu se communiquât aux Archives.

Le bâtiment de droite sert de limite à l'établissement du côté du midi. Le rez-de-chaussée est occupé en partie par la lithographie, qui ne compte pas moins de dix presses; le premier, par la seconde division de composition, et le deuxième, par des ateliers de réglure. Ce bâtiment communique avec le premier au moyen de deux ponts ou galeries vitrées.

Au rez-de-chaussée du bâtiment de droite se trouve la réserve ou dépôt, dans une seule pièce qui en occupe environ la moitié. Là sont rangées avec ordre plus de 10,000 formes d'ouvrages d'administration prêtes à repasser sous presse. Le reste de ce rez-de-chaussée est occupé par deux presses mécaniques et par trois séchoirs ; car ici l'impression est si considérable, que l'étendage ordinaire ne pouvait suffire pour le séchage des papiers. On a en conséquence inventé une machine qui fait courir les feuilles imprimées entre deux molletons chauffés par un cylindre.

Il est inutile de mentionner une infinité d'autres petits travaux qui se font aussi avec le secours de la machine ; mais il ne faut pas négliger de dire que la vapeur qui s'en échappe sert encore en hiver à chauffer les ateliers, qu'elle parcourt dans de gros tuyaux de cuivre.

Le premier étage de ce bâtiment est tout entier occupé par un atelier de composition. Vu le soir avec son éclairage au gaz, cet atelier, qui a plus de cent pas de long, offre un coup d'œil magnifique. Je dis le soir, car malheureusement une partie de ces bâtiments, construits pour un tout autre usage que celui auquel ils servent, est fort sombre le jour. Pour celui qui a quelque connaissance en imprimerie, cet atelier est un sujet d'admiration, tant il est riche et bien tenu, tant les ouvriers ont de facilités pour le travail.

Le second étage est occupé par le brochage et la reliure.

Au nord du bâtiment que nous venons de décrire, et parallèlement avec lui, s'étend la galerie destinée à la tremperie. Ce lieu, qui dans les autres imprimeries est ordinairement le plus sombre et le plus sale, est ici le plus clair et le plus propre, grâce à une toiture en verre et à de nombreux robinets d'où s'échappe une eau abondante, qui en lave continuellement le dallage. Sous quelques rapports, cette galerie peut être comparée à celle du Palais-National. Ce lieu est surtout un objet d'admiration pour les typographes, qui ne peuvent voir sans étonnement une aussi grande quantité de baquets à tremper et à laver les formes. Peut-être serait-on disposé à reprocher à cette partie de l'établissement un luxe et une profusion ridicules; mais on se tromperait. Certains travaux administratifs demandent tant de promptitude, que souvent ces baquets, ces presses, etc., ne suffisent pas à cent imprimeurs qui doivent tremper à la fois un nombre immense de rames de papier, pour tirer du jour au lendemain un volume de budget ou quelque énorme billot de ce genre.

Avant de sortir de cette galerie, nous devons dire un mot d'une presse à rogner, fort ingénieuse, qui se trouve placée dans la partie réservée à la machine à vapeur, qui lui donne l'impulsion. Cette presse ne sert pas seulement à ébarber les feuilles, elle peut couper une rame dans le milieu, de sorte qu'elle évite le pliage. On s'en sert pour tous les petits travaux d'administration qui sont in-4°, in-8°, etc.

Encore au nord, et parallèlement à la tremperie, se trouve une galerie d'imprimeurs, de laquelle on communique dans deux autres. Ces trois galeries forment un carré long autour d'un petit jardin réservé au directeur, et viennent aboutir au bâtiment principal, dont la façade de ce côté ne correspond pas précisément avec celle de la cour d'honneur : elle est beaucoup plus étendue, et, nous l'avons déjà dit, d'une forme architectonique plus monumentale.

Ces trois galeries de plein pied, dans lesquelles se trouvent près de cent cinquante presses roulantes, forment un spectacle peu commun. C'est dans la première de ces galeries qu'est la statue de Gutenberg.

Au bout de la dernière galerie des presses, on trouve un escalier qui conduit à la fonderie; mais il vaut mieux nous y rendre en passant sous la voûte qui se trouve à droite de la cour d'honneur, sous le logement du directeur. Parallèlement à la troisième galerie de presses, et au nord de cette galerie, existe encore un corps de bâtiment occupé par des ateliers de la lithographie et de la taille-douce.

En nous rendant à la fonderie par la cour d'honneur, nous arrivons d'abord dans une grande cour occupée en partie par un petit parterre en forme de corbeille, réservé au directeur. Quand on se trouve dans cette cour, on a à droite un corps de bâtiments servant jadis d'écurie, et occupé aujourd'hui par le magasin de papier, le dépôt du *Bulletin des Lois*, la caisse, etc. A gauche est la fonderie, qui possède cinq ou six fourneaux continuellement occupés à fondre pour l'établissement. En face est un autre corps de bâtiment sous lequel se trouve une voûte qui conduit dans une autre petite cour située presque au coin des rues Vieille-du-Temple et des Quatre-Fils. C'est là que sont les écuries et remises de l'Imprimerie nationale ; car cet établissement a deux ou trois voitures continuellement occupées au transport des impressions, sans compter les piétons spécialement chargés de porter les épreuves.

Les dépenses de l'Imprimerie nationale s'élèvent annuellement à près de trois millions. Tout son service financier roule sur un fonds qui a été successivement élevé jusqu'à un million, et qui est placé en compte courant au trésor sans porter intérêt. Elle occupe, dans ses différents services, imprimerie, fonderie, reliure, etc., environ huit cents personnes de tout âge et de tout sexe, qui, au bout d'un certain nombre d'années, ont droit à une pension, payée par la caisse des retraites de l'Imprimerie, laquelle est alimentée par une retenue sur le traitement et les amendes appliquées conformément au règlement de la maison. Elle emploie en ce moment cent trente presses en fer (1) et deux machines à vapeur qui consomment journellement plus de trois cents rames de papier.

Quant à son matériel typographique, il est immense, et il faut renoncer à le décrire. Il est tel labeur sur lequel on peut composer jusqu'à deux cents feuilles sans entraver le reste du service. C'est ce qui a lieu surtout

(1) On conserve encore, comme objet de curiosité, une presse en bois qui vient du Louvre. C'est, après les poinçons, tout ce qui reste de l'ancienne Imprimerie royale.

pour les budgets de l'état, qui sont tous composés à la fois, ce qui permet de réaliser des économies considérables, et d'opérer des mouvements et réimpositions impossibles, si, comme quelques personnes étrangères à la typographie le demandent, chaque ministère avait son imprimeur particulier. Certainement des économies et des réformes peuvent être opérées dans l'Imprimerie nationale : douze ans de séjour dans cet établissement ne me laissent pas de doute à cet égard ; mais détruire l'Imprimerie du gouvernement pour cette raison, ce serait condamner l'état à des dépenses folles, et anéantir l'imprimerie exotique, si utile à la science, qui ne pourrait occuper toujours un personnel nécessaire.

APPENDICE.

Extrait des registres du Comité de salut public de la Convention nationale concernant la commission de l'envoi des lois.

DU 7 GERMINAL AN II.

Art. 6. Le traitement des ouvriers qui seront attachés à l'Imprimerie du Bulletin des lois sera réglé conformément aux bases établies par le décret du 6 ventôse, relatif à l'Imprimerie des administrations nationales. Néanmoins la commission de l'envoi des lois est autorisée à modifier ceux desdits traitements qui seront susceptibles d'augmentations ou de réductions, à raison de la différence résultant de la nature du service et des heures du travail, après en avoir référé au comité, pour autoriser ou refuser les modifications.

Extraits du décret de la Convention nationale contenant un règlement pour l'Imprimerie des administrations nationales.

DU 6 VENTÔSE AN II.

La Convention nationale, après avoir entendu son comité des finances sur un projet de règlement pour l'Imprimerie des administrations nationales, décrète :

TITRE PREMIER.

Art. 1er. L'Imprimerie des administrations nationales sera sous la surveillance d'un directeur aux appointements de huit mille livres, ci... 8,000 l.

Art. 2. Le directeur aura sous lui un prote à trois mille cinq cents livres, ci. 3,500

Trois sous-protes, à trois mille liv., ci. 9,000

Un correcteur, à trois mille livres, ci. 3,000

Un lecteur chargé de tenir la copie auprès du correcteur, à quinze cents liv., ci. 1,500

Un contrôleur chargé, sous le directeur, de la conduite du bureau de comptabilité et des enregistrements, à quatre mille livres, ci.................. 4,000

Un sous-contrôleur chargé de la tenue des livres et comptes ouverts avec les fournisseurs, à deux mille quatre cents livres, ci...... 2,400

Un premier commis chargé de l'enregistrement des objets demandés par les différentes administrations, à trois mille livres, ci...................... 3,000

Un commis expéditionnaire, à dix-huit cents livres, ci.................. 1,800

Un garçon de bureau, à onze cents livres, ci......................... 1,100

Un inspecteur chargé de surveiller les ouvriers, de maintenir le bon ordre dans l'atelier, de porter les réquisitions, et de les faire observer de manière que chacun soit constamment à son poste, à deux mille quatre cents livres, ci......... 2,400

Un garde-magasin chargé du papier blanc, d'en faire la recette et d'en délivrer la consommation journalière, à deux mille livres, ci................ 2,000

Un sous-garde-magasin et concierge, chargé d'aider le garde-magasin, de porter le papier blanc aux ateliers, d'entretenir la propreté dans la maison, à dix-huit cents livres, ci. 1,800

Deux chefs de magasin pour le papier imprimé, chargés, l'un de la reliure et de la rognure, l'autre de leur faire faire leurs envois et paquets pour les différentes administrations, chacun à deux mille liv., ci. 4,000

Un sous-chef chargé de surveiller les femmes occupées à plier et à brocher les objets demandés, à quinze cents liv., ci. 1,500

Un portier pour la maison, à douze cents livres, ci..................... 1,200

Un portier pour l'imprimerie, chargé en outre de veiller aux consommations de l'imprimerie par son attention à n'en laisser sortir aucun des objets qui en font partie, à dix-huit cents livres, ci...... 1,800

Total, cinquante-deux mille livre, ci. 52,000 l.

Pour l'organisation de quarante presses.

TITRE II.

Art. 16. La République voulant que tous les citoyens employés à son service soient traités favorablement, il sera accordé à ceux qui auront le malheur d'être malades, et dont les services lui auront été utiles, 5 livres par jour aux citoyens mariés, et 3 livres aux célibataires, pourvu toutefois que la maladie soit constatée par un certificat de médecin ou de chirurgien connu dans sa section pour en exercer les fonctions.

TITRE III.

Des Traitements.

Les compositeurs auront par jour huit livres, ci........................	8	»
Pour la demi-nuit (une heure et demie pour souper) qui va jusqu'à minuit, cinq livres dix sous, ci........................	5	10
Pour la nuit entière, onze livres, ci....	11	»
Pour les décades, onze livres, ci......	11	»

A LA PRESSE.

Il y aura quatre presses en conscience aux mêmes prix que les compositeurs. Les épreuves étant faites par les presses en conscience, chaque ouvrier aura vingt sous de plus pour le dédommager de sa peine, ce qui fera dix-huit livres par décade, pour la presse chargée de faire les épreuves, ci....	18	»

Couronne et Écu.

Ouvrage ordinaire, le mille, cinq livres dix sous, ci........................	5	10
Modèles ou tableaux, six livres, ci.....	6	»

Papier carré.

Ouvrages in-4° et in-8°, justification ordinaire, le mille, cinq livres dix sous, ci..	5	10
Grande justification, six livres, ci......	6	»
Avec tableaux ou additions, six livres, ci.	6	»
Placards ordinaires, cinq livres, dix sous, ci	5	10
Grands placards, six livres, ci.........	6	»

Grand-Raisin.

Placards ordinaires sept livres, ci......	7	»
Grands placards à quatre colonnes ou tableaux, huit livres, ci..............	8	»

Modèles ou tableaux, huit livres, ci....	8	»

Grand-Jésus.

Placards ordinaires, douze livres, ci....	12	»
Modèles, quatorze livres, ci...........	14	»

Chapelet.

Placards, le mille, vingt-une livres, ci..	21	»
Caractères d'écriture, le mille, six liv., ci.	6	»
Relevage et changements, dix sous, ci..	»	10
Chaque épreuve de nuit, faite par les ouvriers aux pièces, cinq sous, ci.........	»	5
Tous les premiers cents en papier écu, couronne et carré ordinaire, vingt sous, ci.	1	»
Les autres cents jusqu'à huit cents, quinze sous, ci....................	»	15
Les huit cents comme mille, cinq livres dix sous, ci........................	5	10

Les cents des ouvrages au-dessus de cinq livres le mille seront payés en proportion.

TITRE IV.

Les plieuses, piqueuses, brocheuses, les relieurs et rogneurs seront sujets aux heures du règlement pour l'imprimerie, et aux mêmes retenues en cas d'absence.

Les rogneurs et relieurs auront par jour quatre livres dix sols, ci.........	4	10
Pour la demi-nuit, trois livres cinq sous, ci...........................	3	5
Pour la nuit entière, six livres dix sous, ci........................	6	10
Les plieuses, par jour, deux livres, ci.	2	»
Pour la demi-nuit, une livre dix s., ci.	1	10

Pour la nuit entière, trois livres, ci.	3	»
Ces employés seront tous l'inspection de chefs aux appointements de deux mille livres, ci.	2,000	»
De deux sous-chefs aux appointements de quinze cents livres, ci.	1,500	»
Les hommes employés au service de l'imprimerie pour porter bois, papier, épreuves, etc., par jour, quatre liv., ci.	4	»
Les trempeurs, par jour, cinq liv., ci.	5	»

Nomenclature des caractères étrangers qui ont été gravés pour l'Imprimerie nationale depuis et compris le règne de Napoléon.

Mandchou	1809
Palmyrénien	1810
Sanscrit	1811
Runique	1816
Russe	1816
Japonais	1818
Sanscrit	1818
Mœso-Gothique	1818
Mandchou	1822
Géorgien	1824
Sanscrit	1824
Arménien	1826
Sanscrit	1830
Tamoul	1832
Pali et Barman	1833
Zend	1833
Grec moderne (romain)	1835
Guzarati	1836
Chinois; plusieurs corps; le plus complet date de	1836
Allemand	1836
Anglo-Saxon	1836
Persépolitain	1838
Hébreux	1836-1838
Pehlvi	1838
Tibétain	1839
Magadha	1841
Bougui	1841
Égyptien	1842
Javanais	1844
Étrusque	1844
Himyarite	1844
Grec archaïque	1844
Telinga	1845
Ninivite	1846
Arabe	1847

Typographie Dondey-Dupré, rue Saint-Louis, 46, au Marais.

www.ingramcontent.com/pod-product-compliance
Ingram Content Group UK Ltd.
Pitfield, Milton Keynes, MK11 3LW, UK
UKHW020346230726
13925UKWH00003B/986

9 782014 081954